双重迭代

后消费时代的商业模式

刘戈 著

Double Iteration

Business Models
in the Post Consumer Era

机械工业出版社
CHINA MACHINE PRESS

我国的工业化后期和数字化时代同时到来，商业模式迎来双重迭代。本书剖析了一些全球著名品牌诞生、发展的案例及其诞生的时代背景，将其和我国当下的一些创新型消费品模式案例进行了对比分析，提出了一些和国内主流观点不同的看法，颠覆了一些业界流传甚广的惯性认知，总结了有价值的经验和理念。

本书适合消费品领域的创业者、管理者和其他相关人员阅读。

图书在版编目（CIP）数据

双重迭代：后消费时代的商业模式／刘戈著．—北京：机械工业出版社，2024.5

ISBN 978－7－111－75294－3

Ⅰ. ①双… Ⅱ. ①刘… Ⅲ. ①商业模式-研究

Ⅳ. ①F71

中国国家版本馆 CIP 数据核字（2024）第 051498 号

机械工业出版社（北京市百万庄大街22号　邮政编码100037）
策划编辑：朱鹤楼　　　　　　　　　责任编辑：朱鹤楼　蔡欣欣
责任校对：肖　琳　薄萌钰　韩雪清　责任印制：任维东
三河市骏杰印刷有限公司印刷
2024 年 5 月第 1 版第 1 次印刷
170mm×230mm · 14.5 印张 · 1 插页 · 181 千字
标准书号：ISBN 978－7－111－75294－3
定价：79.00 元

电话服务　　　　　　　　　　　　　网络服务
客服电话：010－88361066　　　　　机 工 官 网：www.cmpbook.com
　　　　　010－88379833　　　　　机 工 官 博：weibo. com/cmp1952
　　　　　010－68326294　　　　　金 书 网：www. golden-book. com
封底无防伪标均为盗版　　　　　机工教育服务网：www. cmpedu. com

推荐序

把握消费新时代的商业脉搏

刘戈先生的专著《双重迭代——后消费时代的商业模式》（以下简称《双重迭代》）不仅故事性强、可读性强，而且力图把握中国结构转型的大趋势，从商业逻辑层面剖析了成功与失败的案例，既提出了"双重迭代"的理论分析框架以及六大趋势，也在麻雀解剖式的分析中提出了具有操作性的商业指导建议。

刘戈先生是央视专职财经评论员，长期从事经济和商业领域的报道、评论、研究和咨询工作，在这方面有深厚积淀，对理解消费趋势与把握商业模式，有一些自己独到的看法。为此，我很愿意向广大关注中国经济的研究者以及愿意投资中国的投资者推荐这本书。结合《双重迭代》，我就如何把握消费新时代的商业脉搏谈几点个人体会，为读者在阅读此书时提供一个思考的线索。

1. 把握服务型消费升级的趋势，是双重迭代的关键

改革开放以来，我国的发展取得了举世瞩目的成就。这表现在很多方面，其中在消费领域尤其突出。今天，普通百姓的衣食住行，在 40 多年前是难以想象的。

从趋势看，我国城乡居民的消费仍在升级中，居民消费质量仍在提升和改善中。14 亿人的消费市场，不仅规模大，而且结构在不断升级。2021 年，我国城乡居民服务型消费支出占比达到 44.2%。如果相关的结构性政策和结构性改革能够到位，预计到 2035 年，我国城乡居民服务型消费占比有望达到

60%~65%，总体上形成以服务型消费为主体的消费结构。

这两年，受多方面因素的影响，我国消费面临比较大的压力。但从中长期看，以服务型消费为重点的消费结构升级的趋势并没有改变，新消费、新业态仍然在较快发展。《双重迭代》紧紧地抓住消费领域的这一趋势，提出了我国在工业化后期发展阶段变化与数字经济双重驱动下"模式迭代"与"数字迭代"的"双重迭代"。在具体的商业逻辑上，《双重迭代》一书提出的"服务比产品更有发展空间"的判断，我认为值得读者关注。产品的实质是服务，消费的本质是享受服务。消费者购买产品，目的是享受产品带来的相关服务，这就是产品使用价值的本质所在。这些年，全球包括中国的独角兽企业大都在服务领域，这是一个趋势的反映。

2. 赢在转折点，是"双重迭代"的关键

在研究工作中，我很喜欢和企业界人士交流。2016年，我去杭州参加一个企业家的交流会，有企业家提出，"企业往往不是赢在起跑线，而是赢在转折点"。这给了我很大的启发。为此，我写了一本名为《赢在转折点》的专著。在阅读《双重迭代》时，从刘戈所剖析的一系列案例中，我进一步体会到，"赢在转折点"其实是全球所有企业的逻辑。比如，抓住美国工业化后期转型的机遇，麦当劳、星巴克转变了传统小店的经营模式，探索创新连锁模式，一下子就迅速发展起来；抓住信息化的机遇，亚马逊、脸书等也是在极短时间内发展起来的。我国这些年涌现出来的独角兽企业，也是抓住了某个行业的一个转折点。很多企业家强调"商业逻辑"，经济生活中最大的逻辑就是要把握经济社会发展趋势中的转折点，只有抓住这个转折点，才能有效地创新商业模式。

从趋势看，中国之所以仍有比较大的发展潜力，一个重要原因就是，无论是传统行业还是新兴行业，这样的转折点应当说是相当多。问题在于，这

个市场空间需要企业来创造，这个转折点需要由企业来把握。实现"双重迭代"，要赢在转折点，但说易行难。关键是要沉下心来，把握经济社会转型的脉搏，倾听市场的声音，在"望、闻、问、切"中抓住转折点，提升创新创业的成功率，我想这是阅读本书的朋友掩卷遐思的重点所在。

3. 从失败案例中学习，是"双重迭代"的密钥

市场经济是优胜劣汰的经济，从成功的商业案例中学习固然重要，但从失败的商业案例中学习更为重要。《双重迭代》一书并不是只分析成功的一面，它还用了大量篇幅分析失败的一面，这一点难能可贵。

不同的行业，都会面临诸如此类的挑战。无论是创业企业还是再创业企业，都必然面临一个又一个的具体问题，一个又一个难以预料的挑战。抓住中国结构转型的趋势，抓住转型中的转折点，是企业创新的必要条件。但如何落到实处，则需要一系列的安排。恰恰是这些安排，在某种程度上决定了创新的成败。不同的行业所需要的商业安排细节不同，这就需要企业家真正静下来，仔细观察、识别风险、化解风险。

迟福林
中国（海南）改革发展研究院院长

前　言

中国的工业化后期和数字化时代同时到来，商业模式迎来双重迭代。

张瑞敏先生说过一句话："没有成功的企业，只有时代的企业。"每一个时代都会诞生新的企业，它们携带新的商业模式，对旧的商业秩序进行无情的迭代。在消费领域，中国市场有些流行多年的商业理念、营销思路和品牌构建方式依然在惯性的作用下充斥着市场，误导着创业者和经营者。

作为央视专职财经评论员，笔者一方面追赶和剖析经济大势每天的潮涨潮落，同时也带着放大镜去研究现实中众多企业的生生死死，观察思考社会发展与商业进程之间的纠缠与互动，希望给那些依然按照旧有逻辑创业和经营的从业者们提个醒。

笔者试图从更宽广的视角、更长的历史脉络中，总结一个大国工业化、现代化进程的规律，寻找那些在新的时代中会诞生、成长和壮大的公司，研究中国人生活方式的变化以及这种变化所催生的新商业模式。

从人均 GDP、城市化进程、人均受教育程度、社会发展水平等综合指标判断，中国正在进入一个全新的消费经济时代，和 100 多年来经历的工业化早期、工业化中期不同，中国已经进入工业化后期。从需求端看，消费者的生活状态和工作方式都发生了巨大的变化，更多人将进入中等收入阶层，社会的收入结构从传统的金字塔结构逐渐向纺锤形结构转变。

消费人群收入结构的巨大变化，意味着大部分人的基本需求已经得到保障，这必然导致消费供给端的重构，新的商业模式会不断涌现，来满足甚至创造人们新的需求，这样的消费时代我们可以称之为后消费时代。在后消费时代，商业模式必然发生大迭代，这种迭代和美国 20 世纪 40—70 年代所经历的大迭代过程有极强的相似性。更为重要的是，作为后发国家，在经历工业化后期的同时，中国还经历着数字化时代对经济和生活的全面渗透及改造，也就是说，中国经历的是商业模式迭代和数字化迭代同时进行的"双重迭代"。

一场消费产品和服务的双重迭代正在展开，对创业者来说这是一个全新的机会，对守成者来说，如果不能改变就会被淘汰。

本书剖析了一些全球著名品牌诞生、发展的案例及其诞生的时代背景，并和中国当下的一些创新型消费品模式案例进行对比分析，提出了不少和国内主流观点不同的看法，颠覆了一些业界流传甚广的惯性认知，总结了一些有价值的经验和理念。

本书对消费品领域的创业者、管理者和其他相关人群有一定的参考价值。

目　录

推荐序　把握消费新时代的商业脉搏
前　言

导　论　消费经济　双重迭代 / 001
第一节　消费率正在发生"U 型"反转 / 003
第二节　消费趋势：从"分层"到"趋同" / 008
第三节　工业化后期：消费服务类品牌成长新机遇 / 010
第四节　消费行为变化大趋势 / 014
第五节　数字化迭代，放大单一市场红利 / 022
第六节　双重迭代，双倍机遇 / 028

第一部分
模式
再造

第一章　餐饮工业化：大品牌小店面 / 034
第一节　想成为快餐巨头，中国企业都学错了 / 034
第二节　"物超所值"才是麦当劳箴言的关键 / 037
第三节　快餐业做大靠的是供应链 / 038
第四节　新的生活方式带来新商业模式 / 040
第五节　快餐不是穷人专供 / 041
第六节　快餐业要成为全社会的 24 小时食堂 / 043
第七节　快餐做不大，不是看"走眼"而是能力不足 / 045

第二章　特许加盟——连锁品牌的必由之路 / 049
第一节　特许加盟：绝味鸭脖的扩张秘诀 / 049
第二节　做好供应链，管好加盟商 / 052
第三节　和加盟商站在一起，不做供应商赚差价 / 053
第四节　夫妻店是最理想的加盟商 / 055

第五节　餐饮连锁加盟方式更有未来 / 055

第六节　企业文化是特许加盟的纽带 / 057

第三章　不低价，无连锁 / 059

第一节　低价是连锁商业的本质 / 059

第二节　特许加盟为什么从吃鸡开始 / 061

第三节　做好这六条让快餐价格降下来 / 064

第四节　包子是个好赛道 / 066

第五节　连锁餐饮进购物中心——过低的成长天花板 / 067

第四章　扩展品牌界面，打造大众品牌 / 070

第一节　改名！ 品牌要去地域化 / 070

第二节　麦当劳抓住了孩子就抓住了未来 / 074

第三节　门店就是最大的广告牌 / 078

第四节　"定位理论"容易让企业早衰 / 080

第五节　消费品品牌："同质化"而非"个性化" / 083

第六节　做品牌是为了获得溢价？ 错误观念误导中国企业
　　　　几十年 / 084

第七节　品牌来自效率 / 086

第五章　场景：卖产品，更卖故事和氛围 / 089

第一节　排长队，买的是仪式感 / 089

第二节　从零售商到咖啡馆，场景比产品重要 / 091

第三节　"第三空间"：环境比口味更重要 / 093

第四节　找回气味，星巴克才活到了现在 / 095

第五节　从"第三空间"到共享商务会议室 / 098

第六节　喝咖啡，还是喝咖啡馆？ / 101

第七节　茶的星巴克，有戏吗 / 102

第六章　商业模式，基因决定 / 105
　　第一节　李宁：冠军 DNA，是优势也是包袱 / 105
　　第二节　安踏：稳扎运动场 / 108
　　第三节　耐克：先做代理商，再自创品牌 / 110
　　第四节　领奖服和跑鞋：不同的起点，不同的方向 / 112
　　第五节　品牌与运动员相互成就 / 113
　　第六节　走秀时装周，走不出中国时尚品牌的捷径 / 115

第七章　老市场，新营销 / 118
　　第一节　完美日记：流量玩家的"爆款法则" / 118
　　第二节　戴森：产品思维、流量思维一个也不能少 / 120
　　第三节　钟薛高：快消品卖高价，这条路不好走 / 123
　　第四节　同仁堂跨界：品牌聚能还是品牌透支 / 127
　　第五节　农夫山泉：挤入主流市场，成就主流品牌 / 129
　　第六节　聚焦让波司登逆袭 / 132
　　第七节　米兰模式：从工匠到设计师 / 134

第二部分
流量
密码

第八章　下沉市场就是主流市场 / 142
　　第一节　沟通和交易方式变化，推动零售业更快迭代 / 142
　　第二节　现在的拼多多与当年的沃尔玛 / 144
　　第三节　小镇基因造就沃尔玛 / 147
　　第四节　零售业迭代仍在进行中 / 150
　　第五节　刚需范围扩大，消费者用更少的钱买更多的东西 / 152
　　第六节　工业化程度决定零售模式 / 153

第九章　便利店成为新物种 / 157
　　第一节　便利店：第四基础设施 / 157
　　第二节　鲜食厨房——便利店的看家本领 / 159
　　第三节　便利蜂：数字化赋能便利店 / 161
　　第四节　谁更重要："算法"还是店长？ / 163
　　第五节　中国互联网企业的零售基因 / 166

第十章　网红的尽头 / 169

第一节　网红也能创大牌 / 169

第二节　"野生时尚"离品牌越来越远 / 172

第三节　直播时代，网红被重新定义 / 174

第四节　粉丝就是网红的天使投资人 / 176

第五节　错位：明星走下神坛，草根走上红毯 / 179

第六节　大牌的下沉，网红的逆袭 / 181

第七节　小镇青年：奢侈品的未来 / 182

第十一章　打造 IP 娱乐业的金手指 / 184

第一节　玩具 IP 化：从芭比娃娃到泡泡玛特 / 184

第二节　商业模式就是生活方式的延伸 / 187

第三节　家庭娱乐：迪士尼不变的品牌底色 / 190

第四节　依托 IP 不断迭代 / 191

第五节　IP 创新，依托技术与机制 / 194

第六节　网红气质难成商业模式 / 196

第十二章　数字时代：捷径与边界 / 199

第一节　闪电式扩张，有前提有条件 / 199

第二节　互联网：从高科技到基础设施 / 203

第三节　如何界定谁是高科技企业 / 205

第四节　超前也是陷阱 / 206

第五节　生鲜电商的商业模式如何突破 / 209

第六节　做"小生意人"是创业的硬储备 / 213

第七节　数字时代，创始人如何追得上自己的企业 / 217

导　论
消费经济
双重迭代

趋势，是靠人的行为选择出来的。

从 20 世纪 80 年代起，一批江南农民离开土地，脚上带着泥土，走上创业之路。鸡毛换糖、摆馄饨摊、修鞋、裁衣，他们大多从快消品生产、零售和生活服务领域开始创业之路。一直以来，这条赛道充满泥泞，路上挤满了没钱、没资源、没技术，只有一腔热血的草根创业者。

最近几年情况开始有了变化，互联网游戏公司创始人唐彬森创立了饮料品牌元气森林、游戏网站创始人庄辰超创立了便利店品牌便利蜂、北大硕士张天一一毕业就开了家米粉店、百度工程师孟兵开了西少爷肉夹馍连锁店、租车行的创始人陆正耀带领下属创立了瑞幸咖啡。这些背景不同的创业者的新赛道，在传统叙事逻辑里似乎是一种向下选择。

更让人想不到的是刚跨过 60 岁关口的新东方教育创始人俞敏洪，带着一帮老师在抖音上卖起了农产品。在董宇辉破圈之前，几乎所有人都认为一家教育公司转型做零售，不会有成功的机会。

这种不约而同、义无反顾的出发，尽管每个人、每家公司都有自己的机缘巧合，但底层的逻辑是对中国下一个阶段的发展趋势清晰或模糊的共同判断。**从人均 GDP、城市化进程、人均文化程度、社会发展水平等综合指标判断，中国正在进入一个全新的消费经济时代。**

和之前经历的工业化早期、工业化中期不同，进入工业化后期，从需求端看，消费者的生活状态和工作方式都发生了巨大的变化，这也决定了消费的供给端也必将发生巨大变化，我们可以把这个新的时代称为后消费时代。从供给端看，农业和服务业的工业化将全面推进。

工业化不仅仅是要使工业成为国民经济的主导产业，更重要的是要将大工业的思想和理念融入社会的方方面面。**具体到某个行业，工业化意味着生产和服务的组织化、分工化、标准化、流程化、批量化，哪个行业实现了这"五化"，哪个行业就实现了工业化。**

组织化：生产者之间必须建立清晰的责权从属关系。

分工化：一个组织只从事某项产品的生产。

标准化：所有的产品和服务及生产流程有明确的标准。

流程化：所有的行为方式都依照既定要求，按既定顺序执行。

批量化：所有的产品都大批量生产。

从洋务运动到改革开放，中国一直在工业化早期的道路上艰难摸索。从改革开放开始中国进入工业化中期，实现了工业的高速发展到目前所有的制造业门类、交通、金融等行业都实现了工业化。接下来的工业化后期，是相对落后的农业和服务业进入工业化的阶段。

在工业化进程和中国式现代化道路选择的共同作用下，中国社会即将迎来中等收入阶层比例的迅速增长，这种变化将重构人们的行为模式和消费心理，也必将给消费领域的商业模式带来巨大变革，这是第一重迭代；同时数字化革命也一如既往、深刻地改变着消费经济，这是第二重迭代。

"模式迭代"和"数字迭代"形成的双重迭代效应，将决定中国消费经济的发展方向。

第一节　消费率正在发生"U型"反转

上海社会科学院经济研究所郑得坤、李凌两位研究人员，在他们的论文《城镇化、工业化与居民消费：内在机理与实证研究——来自世界 162 个国家（地区）的经验证据》中提到这样一个有趣现象，2000—2018 年，中国城镇化率从 36.22% 上升至 59.58%，居民消费率却从 46.72% 下降至 39.37%，这样的结果看起来让人难以理解。据统计，2019 年中国居民消费率仅为38.8%，远低于美国的 68%、德国的 52% 以及韩国的 49%。也就是说，虽然从总体数量上来看，居民的收入和消费支出都较快增长，但是伴随着城镇化的推进，居民消费率反而是不断下降。

研究发现，城镇化率与居民消费率反向变动不仅存在于中国，也存在于发达国家的某个发展阶段。导致这一现象的主要原因是在工业化的早期和中期，大量资本投向土地、建筑、工业、交通等城市基础设施建设领域，从而使居民消费份额被挤占，居民消费率下降。

从居民支出角度看，人们将更多的钱用于住房和证券的投资，在消费支出上增长相对缓慢。

但在进入工业化后期之后，资本主要投向消费领域，投资对居民消费的挤压相对减轻，居民消费率趋于上升。消费经济的"U型理论"，可以用来解释这种现象。

一个国家工业化的进程中，城镇化率和居民消费率是"U型"演变关系，中国目前正处在"U型"曲线的左半边向右半边转变的过程。在此之前城镇化率的上升伴随着居民消费率的下降，当城镇化率上升至一定水平时，将自动演进至"U型"曲线的右半边。

消费的"U型"演变关系也不是完全自发产生的，而是存在导致"U型"拐点变化的决定性因素。倘若一个经济体在工业化发展进程中违背产业结构演进规律，过早"去工业化"和产业结构服务化，就会长期滞留在"U型"曲线的左半边，城镇化率与居民消费率始终保持负相关。**相反，如果一个经济体能够沿袭发达国家的工业化和城市化进程，完成真正的全面工业化，那么它将来到"U型"曲线的右端。**

正在发生的几个变化如下。

（1）第二轮城镇化将使中等收入人口倍增

在未来的15年，我国的中等收入群体规模将由当前的4亿扩大到8亿左右，实现"中等收入群体倍增"。这个数字的如期实现，是中国经济转型为消费主导的第一个大前提。

8亿中等收入群体从哪里来？答案就是中国的"第二轮城镇化"进程。中国目前名义上城镇化率虽然已经达到65%，但如果除去在城市打工的农民工群体，中国真正的城镇化率只达到45%左右，另外的20%更准确地应该叫"半城镇化人口"，他们虽然在城镇工作，但基本上还保留着农村的生活方式和消费方式。

著名经济学家迟福林在他主编的《消费主导——中国转型大战略》一书中提出：我国消费需求增大是一个中长期的客观趋势，我们走向消费主导既面临重大的历史机遇，又具备基础条件，其中最重要的基础条件就是我国的城镇化依然在快速推进中。1个城镇居民的消费水平相当于3个农民的消费水平，城镇化水平每提高1个百分点，最终将拉动消费增长1.6个百分点。

让农民工全家都进入城镇生活，是中等收入群体倍增的主要路径。预计到2035年，中国将基本实现现代化的既定目标，中国城镇化比例将超过70%，如果其中完全城镇化人口达到60%左右，那么中等收入群体即可扩展到 8 亿人以上。

城镇化一定意味着居民消费水平的提升吗？答案是肯定的。

来自中国农业大学的课题组曾经就城镇化水平对居民液态奶消费的影响进行了一项研究，农村地区、非省会城市以及省会城市受访者的人均液态奶消费状况大不相同。其中，农村居民的液态奶年平均消费量为非省会城市居民的 40%，为省会城市居民的 31%；农民工群体的液态奶消费量，介于农村居民和城市居民之间。农民工从农村来到城市，收入、消费环境、消费习惯等都会发生改善，因此液态奶消费比农村居民有所提高。

随着城市周边的辐射效应、农村土地流转和乡村振兴政策的实施，部分农村人口生活和消费方式也将实现现代化，迈向中等收入群体。

（2）区域差距的逐步缩小

实现中国式现代化的标准就是到 2035 年人均 GDP 要达到中等发达国家水平。实现工业化的过程就是一个达到中等发达国家的过程。

国际货币基金组织（IMF）将发达经济体分为两类，在所确定的 39 个发达经济体中，最发达和中等发达的经济体分别有 24 个和 15 个。属于中等发达的 15 个经济体人均 GDP 的中位数是 25000 美元，希腊、匈牙利、斯洛伐克等申根国家中收入较低的人均 GDP 是 20000 美元左右。

2021 年，中国人均 GDP 为 12500 多美元，排名全球第 60 位左右，基本和俄罗斯、阿根廷、马来西亚、墨西哥等国家处在一个水平。在未来的十几年时间，中国要跻身中等发达国家行列，需要将人均 GDP 再提高一倍左右。

根据国际货币基金组织的统计方式，全球进入发达国家行列的人口总和刚超过 10 亿。作为一个人口超过 14 亿的大国，中国实现现代化，整体达到中等发达国家人均 GDP 水平，就意味着发达国家的人口将突然之间增加 1.4 倍。无疑，这将极大地改变世界财富结构，也将从根本上改变国际社会的话语权重，堪称人类历史重大的里程碑。

中国式现代化既有各国现代化的共同特征，更有基于自己国情的中国特色。一个人口规模巨大的国家现代化，既有巨大的地区差异形成的挑战，又有14亿人口形成的统一巨大市场的独特优势。如果把中国省级行政区和一些国家的人均GDP相比，会给人更加直观的感受。

在共同富裕的道路上，既有不同人群的收入差别，也有巨大的区域差距。

北京、上海等一线城市已经和西班牙、捷克等欧洲国家处在同一水平，而排在后边的甘肃、黑龙江、贵州等省的人均GDP和哥伦比亚、厄瓜多尔、南非等国家处于差不多的水平，最发达的省级行政区域和欠发达的省级行政区域的差别达到4倍多。反观美国，最富有的纽约州、马萨诸塞州、加利福尼亚州的人均GDP比最穷的密西西比州、阿肯色州、肯塔基州只高出一倍。在欧洲、日本这种区域差距更小。

中国巨大的区域差距来自于经济不均衡的高速发展，随着经济增长速度放缓，在一个经济体内，人口会不断向高收入地区流动，产业会不断向低成本地区流动，人均GDP的差距会日渐减小。估计到2035年，区域差距会降低到跟美国差不多的水平。

在所有发达经济体中，有较高的最终消费率是一个共同的特征。2021年，我国最终消费率为54.5%，比2012年提高3.4个百分点，而发达国家的最终消费率大于75%。区域差距的缩小，将直接导致中国消费率的提升。

共同富裕，既是实现中国式现代化的目标，也是手段，而提高消费率是实现共同富裕的重要抓手。

（3）公共服务水平的提高和均等化

和欧洲相比，美国福利国家的建设要晚得多，大萧条是建立福利国家的契机。罗斯福从20世纪30年代开始建立全国性的失业保险和社会保障体系，在 1941 年国情咨文中，罗斯福对自由进行了全新的诠释，把"免于匮乏"的自由作为美国社会的基本目标之一，这可以看作是罗斯福建立福利国家的理论基础。

在 1932 年之前，美国没有任何社会保障体系，民间慈善组织是人们遇到失业、工伤时的唯一求助机构。从 1932 年开始，美国政府出台了一系列增加社会福利的法律。罗斯福新政建立了大规模的转移支付制度，这一制度的资金收入来自于高收入阶层和公司的税赋。

福利国家的建立和战后的需求激增，迎来了以消费者需求为导向的社会。第二次世界大战期间，美国经济全面从大萧条的低谷中走了出来，在 1939—1944 年，总产值增长了 77%，平均每年增长 12%，失业率降到了可以忽略的程度。

经济的恢复和社会保障体系的建立，让消费形态发生了根本性的变化。

20 世纪 50 年代，一是社会保障打消了人们的后顾之忧，让人们有了更高的消费意愿；二是普通工薪阶层的收入水平快速提高，从而产生了强大的购买力。第二次世界大战前一个美国钢铁工人的年收入大概是 2500 美元，到 20 世纪 50 年代初期上涨到了 4500 美元；1950 年美国所有的制造业中，工人的平均工资为每周 60 美元，这些数字的意义在于，工人们可以享受中产阶级的生活方式了。

从中国目前的政策看，"共同富裕"已经成为新的目标，成为中国式现代化的重要特征，在高质量发展中促进共同富裕。这意味着，通过调节收入分配和提高政府公共服务水平来缩小贫富差距，将成为国家目标。

在工业化进程规律和政府调控的双重推动下，中等收入阶层的迅速扩大将成为未来 20～30 年中国不可逆转的大趋势，这种转变必将深刻影响经济发展方式和商业模式的走向。

2 第二节　消费趋势：从"分层"到"趋同"

　　商业模式本质上就是主流社会生活方式的自然延伸，当众多的人进入一种新的生活方式之后，原有的商业模式一定会被颠覆。

　　1947 年，美国著名的政治、社会和文化杂志《哈泼斯》上发表的一篇文章中写道："如今的美国，富人与穷人抽相同的香烟，用相同的剃须刀刮胡子，使用相同种类的电话、电视机、收音机、吸尘器，家里拥有相同的照明和家用设备等生活用品。"

　　和这位作者类似的观察，出现在当时众多美国学者和媒体的描述中。

　　另外一位著名经济学家在他的著作中写道："我在纽约街头看到几位修路的工人，休息的时候，我发现其中一位工人站在街边不停地重复一个动作，看了一会儿我才明白，原来他是在练习高尔夫击球的动作。"

　　显然，这个发现让经济学家极为震惊。放在十年前，高尔夫球还是一个明显带有富人阶层标志的运动，简直不可想象，竟然在普通工人中也出现了高尔夫球爱好者了。

　　如果你是一个中国经济发展的观察者，应当已经发现一些消费领域的新趋势正在悄然出现。有一次，家里的长辈住院，我观察到，来自甘肃农村的中年男护工，结束工作后脱下了医院统一的护工服，换上了自己的衣服：在司局干部身上常见的夹克衫、西装长裤和干净的黑皮鞋，如果在地铁里碰到，我会认为这个人就是在机关里上班的科级或处级干部。还有一次在星巴克，一位穿着物业维修工装的年轻人点了咖啡，坐在窗边玩手机，从他局促的举动看，应该是第一次。最近的一次是，经常来我家干活的小时工决定乘飞机返乡。这些潜藏在消费场景下的微妙变化，若干年后一定会成为影响市场的重要因素，也必将引发商业模式的迭代进程。

类似美国 20 世纪四五十年代的消费行为，到底是那个时代美国出现的特有现象，还是工业化进程发展到一定阶段后的自然规律？

在我看来，是后者。

美国经济学家加尔布雷斯把以上这种社会变化总结为：社会进入了"丰裕时代"。他认为过去的经济学是以贫困社会为研究对象的，他把这些思想定义为"传统智慧"。因此传统智慧必然充满了悲观沮丧的情绪，也必然是过时的理论。

"丰裕社会"的一个重大变化就是在衣食住行等日常消费领域，大部分人的消费差距在缩小，主流大品牌的市场占有率在上升，成为大部分消费者大部分情况下的选择。

在此之前，不同社会阶层在生活的方方面面，使用不同品牌的产品、接受不同档次的服务，一直是社会主流的消费模式。人们普遍认为个性化、特色化、高端化才是商业品牌发展的前景，这种看法仍然是中国商业咨询机构每天向客户传递的观点，无论是创业者还是经理人都不假思索地接受这种观点。

实际上，消费到底是"分层化"还是"趋同化"，和当时社会贫富差距的变化趋势密切相关。在贫富差距趋于扩大的时代，消费更趋向于"分层化"；在贫富差距趋于缩小的时代，消费将更趋向于"趋同化"。中国的专家和商业咨询机构一直把"分层化"作为消费行为的唯一规律，原因在于他们接受的理论恰好来自于美国最近几十年贫富差距又趋于扩大的时代。而最近的 20 年，中国社会也同频属于这样的时段。

在现在以及未来可以预见的几十年内，中国的贫富差距缩小、中等收入人群的大量增加，将成为必然的趋势。这不仅仅是政府的政策导向，同时也是工业化的必然规律。

**第三节　工业化后期：消费服务类品牌
成长新机遇**

在工业化的每一个阶段，都会崛起一些品牌，它们中的大部分会死掉，只有极少数穿越历史活下来，成为著名品牌。

1. 工业化的不同阶段形成不同的品牌类型

美国的工业化进程从 18 世纪中期开始，标志事件是珍妮纺织机的引进和大规模使用，到 1865 年南北战争结束完成工业化早期进程。在目前品牌 100 强榜单中，在 1865 年之前，也就是美国的工业化早期形成的著名品牌，现在留下来的有两类，一类是金融企业，如摩根士丹利、摩根大通、花旗银行等；另一类是生产家庭卫生护理用品的企业，如宝洁和高露洁等，它们都是从生产肥皂起家的。

到了工业化中期，也就是从南北战争结束的 1865 年到 1929 年大萧条之间崛起的著名品牌，最知名的是通用电气、波音、福特、通用汽车等机械制造企业，之后是强生、辉瑞这样的医药企业，以及化学工业的杜邦、石油工业的埃克森美孚和日用消费品的可口可乐、吉列、万宝路等，它们都是制造业企业。工业化中期造就了整个工业体系，产品涵盖了生活的方方面面，大部分的著名工业品牌都是在这个阶段产生的。

从大萧条结束到 20 世纪 70 年代是美国工业化后期阶段，这是美国历史上经济发展最快的 40 年。这 40 年崛起的著名品牌包括麦当劳、肯德基、赛百味、汉堡王、星巴克、沃尔玛、塔吉特、CVS、耐克、GPA 等，几乎涵盖了大部分的零售、生活服务和快消品品牌。

20 世纪 80 年代，美国进入后工业和信息化时代，苹果、微软、亚马逊等科技企业开始孕育生长，成为如今占据经济 C 位的主流品牌。作为后发国家，中国在互联网经济方面直接与国际接轨，以阿里巴巴、腾讯、百度为代表的科技企业获得同步发展的机会。

英国的工业化后期发生在 19 世纪末到第二次世界大战前，1900 年英国的城镇化率就达到 80%。美国工业化后期发生在 20 世纪 40 年代到 70 年代之间，日本则是在 20 世纪 60 年代到 80 年代之间。与此相伴的是整个社会的最后一次城市化浪潮，城市人口从 60% 左右增长到 80% 以上，城市化基本完成。

在美国，从麦当劳到肯德基、从沃尔玛到开市客、从 GAP 到耐克，都是在这一发展阶段诞生的，这些品牌在中国现在依然处于中高价格端，但它们在美国诞生时和现在都是不折不扣的大众日常消费品牌。

在发达经济体过往的工业化和城市化过程中，主流消费人口的迅速扩大一般发生在其工业化中期结束之后，工业化后期是消费成为经济发展主要力量的时期。

作为后发工业大国，美国工业化过程发生过两次明显高速增长的消费大潮，分别是第一次世界大战结束到 1929 年和第二次世界大战结束到 1970 年间。两次消费大潮的出现，都有商业模式创新的推动作用。在第一次消费大潮期间，信用卡获得广泛普及，信贷消费被创造并渐成主流，极大促进了耐用消费品的普及。 20 世纪 20 年代中后期，超过 60% 的汽车消费通过一般信用支付或分期付款完成，洗衣机、留声机、家具、珠宝、高档服装等耐用消费品，开始广泛提供信贷消费的服务。在第二次消费大潮中，超级市场、连锁便利店、连锁餐饮等零售和生活服务的商业模式创新，成为消费增长的助推器。

进入工业化后期，餐饮、食品、零售、服装、汽车、家装等绝大部分消费品和服务领域都供过于求，貌似进入"内卷化"，但只要把时间轴拉长一些就会发现，即使在很多细分行业中，消费的品类和商业模式的变化也是巨大的。这种变化决定了哪些企业会持续增长，哪些企业最终被市场所淘汰。

2. 顺应消费方式变化，新品牌崛起

经历了大萧条之后，从 20 世纪 40 年代开始，美国民众的外出就餐消费的占比开始明显提高。根据罗伯特·戈登的《美国增长的起落》一书的数据：1940 年，美国人外出就餐支出只占到食品支出的不到一半；到 1970 年，这一比例上升到 70%。在这个过程中，诞生了麦当劳、肯德基、赛百味等众多连锁快餐巨头。

当工业化中期结束进入工业化后期时，一个重要的变化就是服务开始全面工业化，工业化在餐饮业有这样一些特征：

1）餐饮品类开始全方位突破地域限制，现代农产品的生产能力和物流能力可以把原材料迅速供应到所需的市场；

2）连锁经营大大提高了企业扩张的速度；

3）工业化生产、管理方式全面进入餐饮业，流程标准化，效率得以全面提升；

4）发达的传媒环境让品牌建立的时间缩短，企业凭借品牌优势快速开拓市场。

从 1940 年到 1970 年这 30 年的消费快速增长期间，美国人的食物结构也发生了巨大的变化。1940 年，美国人还和若干年前的中国人一样爱吃猪油，猪油的人均消费达到 14.4 磅，到了 1970 年，猪油的人均消费量锐减到 4.5 磅；而植物油消费量从 1940 年的人均 7.3 磅增长到 17.7 磅，人均果汁消费量从 1940 年的 7.2 磅增长到 1970 年的 96.7 磅，冷冻蔬菜消费量从 1940 年的 0.6 磅增长到 1970 年的 43.7 磅。

食品销售方面，在超市购买的占比 1946 年是 28%，到了 1963 年达到 69%。穿着方面，20 世纪 40 年代，民众通常要花 150～200 美元购买一件正式服装，而到了 20 世纪 70 年代，人们更多地转到沃尔玛、塔吉特购买 15～35 美元的廉价休闲服装。美国家用抽水马桶普及率从 1940 年的 60% 增长到 1970 年的 95%，浴室普及率从 56% 上升到 95%。

沃尔玛、塔吉特、开市客、家得宝、GPA 等众多零售和快消品公司在此期间崛起，其商业模式顺应了人们消费方式的变化，成为行业主流品牌。

3. 建立新品牌需要新商业模式

从发达国家工业化进程的历史看，一个国家进入工业化后期，中产阶级群体将迅速扩张，按美国经济学家加尔布雷斯的说法，就是进入了"丰裕社会"。在这个阶段，生产者的目标不仅仅是满足消费者的需求，而是要刺激消费者的需求。

进入这个阶段，消费欲望被广告和媒体不断激发，人们才能去购买更多的东西，企业才可以有钱赚。**在这样的逻辑中，企业品牌和商业模式呈现出相互推动、相互激发的互动过程。新的商业模式更容易建立起品牌，新的品牌更需要新的商业模式作为成长路径，新的商业模式和新的品牌形象结合在一起，才能最大限度地刺激消费者的欲望。**

作为后发大国，中国在崛起过程中，一方面一定会遭遇先发国家在工业化过程中所经历过的全过程，包括产业结构的转型、投资与创业的矛盾、消费习惯的变化、劳资关系的冲突、管理模式的升级等；另一方面，环球同此凉热，后发国家的崛起也一定会和全球先进的业态和技术对接。

中国作为一个人口众多的国家，有着和目前各发达国家差异性非常大的文化、社会背景，以及由于其工业化后期和信息化时代高度重叠，必然有中国式的现代化路径。

在这样的背景下，企业生存和发展的商业逻辑发生了全面的变化，这种变化足以让久经沙场的企业家手足无措，足以让过去所有的商业教科书和商业案例失去价值。企业家和创业者们必须在新的环境下，清空已有的经验和认知，在实践中摸索新的商业逻辑。

大国工业化的进程有着高度的相似性，当把企业商业模式、品牌构建和工业化进程放在一起看，就会有一种规律性的东西显现出来。

往回看，中国消费品牌的发育出现了一个很大的空白，也就是消费和服务业品牌，这类品牌在美国的 1930 年到 1970 年这个时期大量出现，都是通过商业模式的创新成长起来的。

中国目前正处在类似于美国第二个消费高潮前的工业化阶段，而此时叠加的移动互联网普及带来的消费数字化，成为商业模式创新最趁手的工具，各行各业都在应用这一工具迭代自己和别人的商业模式。

 第四节　消费行为变化大趋势

当社会收入结构从金字塔结构变为纺锤形结构，大部分人进入中等收入阶层，社会的消费行为会发生明显的变化。

1. 变化一：消费升级，是刚需范围扩大，而不是买贵的东西

全社会平均收入提高之后，人们就会自然购买更贵的产品和服务吗？但事实恰好相反，走过工业化全过程的发达国家的事实表明，对于绝大多数人来说，在收入增加之后，未必会去购买价格更贵的商品。

为什么？

社会越是发展，消费的范围就越被不断拓宽，需要花钱的地方就越多。

消费者的刚需被重新定义。一方面，外出就餐、泡吧派对、音乐游戏、体育健身、文艺演出、旅游休闲，这些以前的奢侈消费成为生活必需。另一方面，大部分人的收入不可能跟得上消费范围扩大的速度，在每个方面选择更廉价的商品或服务成为大部分人的选择。

举个例子，一个单身年轻女孩，现在的基本消费包括：租房、服装、化妆品、美容、交通、日常聚餐、酒吧、旅游、户外运动及装备、生日派对、健身、通信……而放在 10 年前，列举的大部分项目都是非刚需，所以她宁可喝粥吃咸菜去买一个正品 LV 包。而现在，她更愿意把买包的钱花在其他各个可以愉悦自己的选项上。

20 世纪 50 年代的美国，由于战后经济的飞速发展，制造业高度发达，以前只有富人和中产人群才能享受的物质文化生活进入普通大众人家，中产阶层数量急剧扩大。在社会调查中，80% 以上的人认为自己属于中产阶级。

大部分消费者在"衣、食、住、行、娱"几个方面表现出以下特征。

在穿着方面：所有的服装都来自工厂生产，很少有妈妈为孩子做衣服，几乎所有的服装都以品牌化的方式销售，进入专卖店或百货商场，广告成为人们购买服装的重要动力和参考因素。人们的衣着开始根据场景更换，日益功能化，居家、上班、休闲、运动会穿着不同的服装，人们通过不断更换服装来追求时尚。1949 年，美国生产了 5.43 亿双尼龙丝袜，丝袜价格迅速下降，可以让每一个成年女性拥有好几双；而在 1939 年，尼龙丝袜刚上市的时候，拥有一双尼龙丝袜是普通女性难以实现的梦想。

在饮食方面：人们开始注重营养的均衡，可以充分满足儿童和青少年的蛋白质需求，外出就餐成为常态，而不是只在年节或社交活动时才有外出就餐的机会，快餐成为日常选择。1956 年，《财富》给出的中产阶级定义是年收入在 5000 美元以上的家庭。如果按照每个家庭月收入 400 美元来测算，如果吃一顿麦当劳套餐，一个汉堡、一袋薯条和一杯可乐是 30 美分，他们的收入可以每个月吃 1300 份。笔者大概测算了一下，放在中国一线城市，相当于一餐 4、5 元钱，比在小摊上吃包子还便宜不少。

在居住方面：不论是自有住房还是租赁住房，都有能保证大人和孩子分开居住的单元房。每套单元房中收音机、电视机、洗衣机、冰箱等家电基本齐全，房中通电和管道煤气，拥有完备的卫生间，包括抽水马桶、面盆、澡盆或淋浴，地面和墙壁贴瓷砖，拥有厨房，配置操作台、全套餐具、煤气灶、烤箱等。

在出行方面：每个家庭至少有一辆私家汽车，同时经常性地通过公共交通、火车、飞机出行，每年有数次全家郊区或远途旅行。

在文化娱乐方面：每天收听收看广播、电视，经常光顾电影院和运动场，偶尔光顾其他娱乐场所。

注意，达到这种生活水平的是 80% 以上的人口，而不仅仅是住在大城市的中产阶级。**一个家庭全面城市化后，一定会导致衣、食、住、行各方面支出呈指数型增长，只有更便宜的产品才能覆盖其生活成本。**

工业化的进程，让富人和穷人之间的生活水平差距先是放大，之后是缩小。在后工业化时代，由于经济的空心化，贫富差距会重新加大。麦当劳、肯德基等企业恰好顺应了这种贫富差距变化带来的消费变化，利用新的商业模式实现了品牌的崛起。

2. 变化二：定位最大公约数，才能做成大品牌

工业化中期，消费分层特别清晰，不同的收入对应不同的消费档次，不同的企业品牌服务不同收入层次的顾客。但是随着中等收入人群的快速增加，消费分层没有那么明显了。

年薪几十万元和年薪十几万元，可能开同样的汽车，用海天酱油，喝农

夫山泉和伊利牛奶，吃麦当劳和肯德基。越是这样定位所有消费者的品牌，越具有生命力。所以海天酱油和农夫山泉的股价会那么高，而可口可乐、麦当劳、沃尔玛公司的股票，都是美国股市里面最值钱的一些股票。

大众消费刺激了大规模的生产以及随之而来的生产效率的快速提升，以前只为富人生产高档货的企业发现，它们与那些大规模生产同类产品的生产商相比没有任何优势。

那些正寻求从制造业转型的中国企业需要认真思考、做好准备，现在被自己看作举步维艰的传统行业，可能正是下一波更大消费浪潮的受益者，而中等收入人群的大量增加，为这种创新提供了广阔的市场空间。

大众品牌更受欢迎还有另外一个不被重视的因素，就是传媒发挥的重要作用，电影、电视、杂志、广播的快速发展，把影响美国人的生活模式传播给了各种收入水平的人。一个富人的孩子和一个卡车司机的孩子，他们都喜欢同样的节目，也自然同样喜欢麦当劳，在他们长大以后，就不再有麦当劳是低等食物的观念。

餐饮看起来永远都是过度竞争的行业，由于门槛相对较低，进入者的速度总是快于市场的需求。在餐饮金字招牌全聚德亏损严重的消息刷屏时，连锁中式简餐品牌老乡鸡开店提速，卖包子的巴比食品成为包子第一股，上市后连拉涨停。对全聚德来说，餐饮市场已经高度内卷，而对于老乡鸡和巴比食品来说，这是一个增长潜力无比大的行业。

从汽车业来看，2022年中国千人拥有汽车量刚刚超过200辆，而美国1929年大萧条之前的千人汽车保有量就达到了200辆。虽然不完全具有可比性，但从人均GDP、人均汽车拥有量、恩格尔系数、城镇化率等各项指标来看，中国目前的收入水平和消费结构与20世纪三四十年代的美国十分相似。因此可以期待的是经过这一轮调整，中国也会迎来新的消费时代。之前中国从食品、服装、家装、汽车到健康、文化、旅游等方面的总体市场集中度很低，随着集中度的提升，大量世界级体量的传统消费产品公司将成长起来。

这种社会潮流带给商业模式和品牌打造的总趋势是：基于消费分层理念为不同收入阶层量身定做的产品和服务，将逐渐向满足更大群体公约数的高性价比产品和服务的方向变化。

在几个主要的消费领域可能会出现以下变化。

住的方面，对大户型的需求将进一步降低，交通、入学、就医方便的主城区住宅会更受欢迎；住宅的装修也不再追求一次到位，更雅致、简洁和满足功能性的装修将成为更多人的选择，人们将更愿意在厨卫、小家电等方面花钱而不是在木质地板和高档墙纸上花钱。

行的方面，满足通勤需求的中档电动汽车将成为买车时的选项，大排量大体型的高档轿车需求将减少；普通家庭中购买第二辆汽车的会越来越多。同样的预算下，在买一辆好车和买两辆中档车的选项中，很多人会选后者。另外，自己购买汽车也未必是每一个人的优先选项，日常使用租赁车、网约车、出租车和公共交通方式，将被越来越多的年轻人所接受。

吃的方面，卫生、营养、省时的品牌连锁快餐将成为外出就餐的主流，中高档餐厅的人均消费额大幅降低，以吸引更多普通人，大众价格的知名品牌将拥有更多的顾客。

穿的方面，"轻奢"服饰将越来越成为年轻人的首选，适合自己而不是牌子响亮成为更多年轻人的选择，奢侈品品牌将更多推出亲民价格的产品。

玩的方面，运动、旅游、游戏等更加注重个体体验的玩法，将逐渐取代满足社交需求的玩法。

因此，对中国企业来说，做8亿乃至14亿人的主流市场，还是定位于两三亿高收入人群的市场，其实是一个选择题。从品牌的角度，一个是向上，走一条依靠品牌获得高溢价的道路；另一个就是走依靠品牌获得更大市场占有率的道路，至少现在看，这条路更符合大国工业化后期的发展规律。

当然，这并不是说定位于小众、定位于高端、定位于品质的产品或者服务就没有机会。高品质的小众品牌永远会有生存的空间，一部分人通过商品或服务彰显个性的需求会一直存在。但这些小众品牌的成长门槛要比以前高得多，需要创始人和团队在审美、文化素养、商业判断力等方面具有极强的综合能力，其商业模式和运行规则与以前通过噱头和炒作就能收割韭菜的"营销派"完全不可同日而语。

3. 变化三：从欲望消费转向务实消费

疫情改变了大多数人的生活状态，也加速了本来就会发生的商业逻辑的改变。 疫情让人们对日常的非理性消费有所警醒，这种感受或许可以加速一种新的消费潮流的提前到来——务实消费。

从 20 世纪 50 年代起，看重性价比的务实消费意识逐渐在美国占据中产阶级的主流，和此前主流社会的奢靡之风相比发生了巨大改变。 到了 90 年代，美国人追求奢侈品的意识更是逐渐淡化，以奥特莱斯为代表的折扣店广受大众欢迎，低价的网络零售开始大行其道，购买平价消费品甚至成为很多富人的日常选择。

富人和中产人群乃至低收入者从用同样牌子的洗发水和牙膏，逐渐过渡到用同样牌子的化妆品，穿同样牌子的服装，在同样的超市购买食品，看同样尺寸的电视机，甚至驾驶同样价位的汽车。

富人和中产人群之间消费的差别不再体现在日常快消品和日常生活服务上，大富豪和普通职员出现在同样的快餐店不再让人惊奇，住宅、旅行、购买艺术品、社交才是区分富人和普通中产者的标志。

和务实消费相对应的可以总结为欲望消费，欲望消费也可以分解为炫耀性消费、攀比性消费、补偿性消费、腐败性消费、堕落性消费等，这些消费现象的共同特征是——商品和服务的功能性被降低到次要位置，消费者更希望被人羡慕、尊敬乃至嫉妒恨。

从工业化发展的进程来看，工业化中期是欲望消费集中爆发的时期，歌厅、桑拿、豪华餐厅、名车、名表、奢侈品——过去的 40 年正好是中国工业化中期，在美国大概是 1865—1930 年。

在工业化早期，社会总体处于严重的贫富分化当中，消费只是少数富人拥有的权利，穷人只是维持简单的生活，谈不上消费理念。工业化中期财富的迅猛增长，让消费风潮在大众层面普及。此后每当经济快速发展，新富阶层大量涌现，欲望性消费便成为社会主流，而经济总体处于平稳或下行区间，务实性消费就会被更多消费者所认可，但总的趋势是消费越来越趋向于理性、务实和差异化。

这一变化的因素之一是新一代暴发户比老一代暴发户有着更高的文化程度，和普通人相比他们有着更多维度可以和大众区别开来，**而一旦新富阶层抑制了自己的欲望性消费，作为社会风向标，他们的消费理念引领了社会消费理念的转变。欲望性消费会变得越来越隐蔽，大部分真正有钱的富人只会在他们特定的圈子内攀比，而不再会在面对公众的日常消费场景下炫富，反而会尽量显示自己的朴实低调。这种变化的潜在影响是，中产阶级在日常消费中要面子的压力降低。**

以汽车消费为例，在外形设计上经历过几次轮回，从最初少数富人的专属交通工具变为普通大众的代步工具，之后富人阶层又用它来体现和大众的区别。早期，高档汽车品牌往往是高质量的代名词，而技术的发展又在逐渐消解这种相关性，普通汽车也具有足够好的质量和安全性，用汽车品牌和车型大小来区别财富水平的标志意义越来越低。

在务实性消费理念的驱动下，高性价比的产品继续领跑美国零售市场，网购更加强化了这一趋势，日本也差不多经历了同样的演进过程。20 世纪七八十年代，通过消费价格让自己和普通人产生区别成为社会潮流，购买顶级奢侈品成为日本全民的消费追求。1995 年，日本奢侈品市场规模达到 978 亿美元，占据当时全世界 68% 的份额。

随着日本经济增速的放慢，宅文化开始盛行，越来越多的年轻人不再注重物质上的攀比，转而享受更多的个人精神生活。日本工薪阶层从下班后集体去高档餐厅欢聚，逐渐转变为回家吃饭或者去"一人食"餐厅；拥有汽车不再是每个人都需要实现的人生梦想，越来越多的人出国旅行带回的也不再是奢侈品而是冰箱贴；衣着也越来越倾向于简单舒适，高档西装不再成为职场人士的必需，无印良品和优衣库这样的平价品牌也在这样的情况下诞生。

在英文中，"消费"一词最早的含义是"摧毁、用光、浪费、耗尽"。营销方式的进化和现代广告的促销，让人们在消费过程中更加追求商家所营造的虚幻感受，而不是自己真正的需求。在当下，不少人开始反思，自己以前的消费到底有多少是必需的，到底有多少是给自己带来真实的满足感，而不是短暂的"高人一等"的虚幻感觉；有哪些消费纯粹是被商家所诱导产生的，自己根本不需要甚至是累赘。

进入工业化后期之后，经济高速发展刺激出来的原始欲望会逐渐消解，感受物质和文化社会带来的平和体验会成为更多人的日常。

作为后发经济体，中国务实性消费的大行其道可能比发达国家同样的发展阶段来得更早；与此同时，消费支出的项目更加多元，人们将进一步平衡自己的支出，尽量压抑在某些方面的欲望消费。

当务实消费占据主流，奢华、浮夸的消费将回归高欲望的富人阶层，而不再会被所有中产和普通劳动阶层所追随。

经济、方便、实用，在此基础上不夸张的品质、品味、审美调性和服务，将被越来越多的人喜欢。

当然，中国目前的整体发展状况还未到达欲望消费的瓶颈，炫耀性、攀比性消费在相当长的时间内依然拥有不断增长的市场，但新的消费品品牌和商业模式必将有着更加广阔的市场机会。

 ## 第五节　数字化迭代，放大单一市场红利

中国狂飙突进式的工业化，就像急行军，必定导致一些人掉队，传统服务业就是工业化进程的掉队者。

1. 服务业掉队工业化，需要一次追赶

在中国，近40年是工业化高速发展的时期，但和先发国家相比，由于超快的发展速度，导致各行业工业化进度严重不平衡。在制造业、基础设施建设、交通、金融等领域，中国基本完成了工业化；但在农业和服务业尤其传统服务业领域，工业化的进程远远落后于制造业。在世界各大国的工业化进程中，这是一个非典型现象。

大部分工业化大国，农业和服务业的工业化相比制造业，虽有一定滞后，但差距并没有像中国这样显著。

中国农业和服务业工业化进程远远落后于制造业，最主要的原因是作为后发国家，中国在其工业化中期实现了超速发展。按照笔者在《在危机中崛起——美国如何成功实现经济转型》一书中的观点：美国工业化中期大致发生于1865—1929年间，长达65年左右；日本的工业化中期发生在1945—1990年间，时长45年左右；中国的工业化中期大致发生于1979—2015年间，只有

35 年左右。实际上,美国、日本的工业化中期进程已经远远快于英、法、德等传统工业大国。相比这些发达国家,可以说,中国的工业化中期进程是所有大经济体中最快的。

随着工业化后期的到来,制造业的工业化进程放缓,掉队的行业肯定会迅速追赶上来,这就是传统服务业将快速发展的基本逻辑。

与美国不同的是,我们还没有来得及经历完整的工业化进程,就碰上了数字化时代。服务业中的金融和交通都已经实现了工业化,由于电商的崛起,阿里巴巴、京东、拼多多等零售新势力用极短的时间对传统零售业产生巨大冲击,已经进入快速工业化阶段,而传统服务业里占比很高的餐饮、住宿、文旅等行业的全面工业化还处于起步阶段。餐饮、零售、娱乐、美容、家政、养老、中介等服务本地生活的传统服务行业,在信息沟通、用户体验、卫生、安全等方面的落后状态,给数字化在这些领域的大显身手提供了广阔的想象空间。

2. 数字化放大单一市场红利

中国人均 GDP12000 美元的 14 亿人口,构成了世界上最庞大的单一市场。过去几年,中国消费类互联网公司迅猛增长,"单一市场红利"其实是这一轮增长的真正原因。

有人把中国改革开放的成功更多地归结于"人口红利",但如果把人口红利单纯地理解为廉价劳动力的大量供应,那就大错特错了。在笔者看来,广义的人口红利应该包括三个层面,第一层面是廉价劳动力红利,第二层面是工程师红利,第三层面是单一市场红利。

从 20 世纪 80 年代初期开始,大量廉价劳动力进入沿海地区的服装、制鞋、玩具等行业,加入全球化分工的秩序中,在这一阶段,劳动力价格对于产业转移起到了决定性作用。90 年代之后,以基础设施建设、房地产、机械制造、电子电气产业为核心的行业迅猛发展，这一阶段的人口红利主要是工程师红利。

最近十年，以电商、社交媒体、出行服务为代表的信息技术领域高速发展，使中国的工业化中期进程在向工业化后期过渡的同时，也直接与后工业化时期也就是信息技术时代无缝衔接。尤其是最近几年，基于移动互联网的商业模式创新，涌现出一大批新的消费类互联网公司，从云集到拼多多，从抖音到快手，从摩拜到滴滴，App 正在重构我们的生活方式。

而这一波 App 大爆发的真正基础就是单一市场红利，中国 14 亿人口的单一市场，相当于美国、欧盟、东盟人口的总和。当这 14 亿人口的购买力达到中高收入国家水平的时候，单一市场红利显现威力的时代便会迅速到来。

相对其他主权国家的单一市场，中国的单一市场更加统一，这其中包括四个方面的统一：第一是统一的货币和货币政策；第二是统一的税收和税制；第三是统一的法律体系和行政体系；第四是统一的文字和信息交流体系。

与印度、俄罗斯等这样的主权大国相比，由于它们主体民族人口数量不占绝对优势且采用联邦制，各联邦主体在税收税制、法律和行政体系上还是有不小的差别，有的在语言和文化上的差别也较大，很难做到四个统一。而与人为建立的共同市场如欧盟相比，虽然它们发行了统一的货币，但其他三个方面还是各自为政，在税收、法律、语言等方面的差别很大。即使经济高度自由的美国，也因为其联邦制，各州在税收政策等方面有一定差别。世界上人口在一亿以上且经济在中等发达水平以上的大经济体里，真正实现单一市场的，大概只有日本。

单一市场的好处不言而喻。

首先是节约成本。在单一市场中，企业在一个市场获得的成功很容易在全市场内进行复制，而同样的商业模式要进行跨市场推广成本要高得多，在经营上要雇用很多人来处理税收和法律相关的合规性问题，语言文字的不同也会极大提高交流成本。

其次是降低了风险。进入不同的市场，经营者要面对来自不同市场、不同货币政策和汇率变动所产生的风险，还要面对不同市场法律和行政方式不同所带来的风险，甚至要面对不同市场国际关系所导致的税收通关方面的风险。

最后是打断了垄断进程，给更多企业带来了发展机会。由于中国单一市场足够大，但同时地区发展程度的差别也较大，这就给新企业的诞生和崛起留出了足够的空间。在电商领域美国亚马逊一家独大，而中国的阿里巴巴虽然体量巨大、能量超人，但也不能阻止京东的崛起；更出人意料的是，在被认为早已分割完毕的电商市场，又冲出拼多多这样的社交电商和云集这样的会员电商。

3. 信息化给服务业带来"降维打击"

目前中国进入以消费为主要经济发展支撑的工业化后期时代，信息化尤其是移动互联网和消费的相遇，使中国经济在零售、餐饮、生活服务、家政、出行、培训、招聘等各消费环节实现全面迭代。

在传统商业理念中，这些行业都属于技术含量低、从业人员素质低、人均创造利润低的"三低"行业，但信息技术的加入，引领着年轻一代中众多非常优秀的个体加入进来，他们带着先进的技术和理念，对这些传统行业的经营和管理模式进行全方位的变革，用他们自己的话说是"降维打击"。

信息技术带来的成本降低，使得开发一套应用软件让每一个用户平摊的费用越来越少，甚至接近于零；而同样的信息体系如果应用在不同的市场主体中，成本和风险将大大提升。

对于众多创业公司来说，中国的单一市场红利期最多只推进了一半，在大部分消费领域，市场集中度还非常低，甚至在很多领域，行业前三的公司加起来连市场 10% 的份额都达不到。新生力量还可以抓住时机，完成对原有市场格局的迭代，机会随处可见。

单一市场加庞大的互联网用户所带来的机会，在任何一个消费领域都有巨大的潜力。

4. 数字化：服务业的迭代密码

近三年街边店铺的商业模式发生了巨大变化。零售小铺明显少了，餐馆关关停停但总数基本不变，美容机构多了，药店多了，奶茶店多了，宠物店多了；街边餐厅的门脸逐渐变小，很多门面房辟出来几平方米租给了卖炸鸡、卖鸡蛋灌饼、卖奶茶的小店。

分析这种变化，可以发现服务业迭代的密码。

笔者注意到一个卖小龙虾的连锁加盟小店，三年了还一直开着。这个店很小，不到二十平方米，没有堂食，只做外卖。小龙虾是品牌方直送的，加工也很简单，只通过外卖平台出售。

和店主聊了聊得知，疫情前在刚开业的时候，他们的主要精力就放在了如何让周围的居民都去下小程序上，甚至培训专职员工手把手地帮助上门的顾客在小程序或通过平台下单。从短期利益上来说其实这么干很不划算，因为还要给平台分账。

后来疫情来了，这个时候就显现出新商业模式的威力，小店门口每天都挤满了外卖小哥，这种状况经常持续到深夜。

按照中国贸促会研究院《外卖业务对餐饮业高质量发展的作用研究》中的结论：外卖业务对餐饮业收入的贡献率显著上升，外卖利润成为餐饮企业利润增长的主要引擎。这项调查的课题组长赵萍指出：餐饮外卖还培育了更多餐饮新生态，更重要的是推动了餐饮企业信息化和标准化水平的提升，带动餐饮业向高技术赋能方向发展，例如大数据助力外卖企业精准选址等。

一家小型连锁餐饮企业生存与成长的背后，是"双重迭代"必然的结果。

5. 大平台＋微企业

数字化带来的最大变化是传统行业使用工具的革命性变革，这给传统行业的转型和模式创新带来了巨大的机会。

互联网和数字技术的逐渐成熟并工具化，意味着所有行业都可以顺畅地使用这种工具，互联网不再构成传统行业转型和创业的障碍，而成为实现行业迭代的帮手。

在中国，已经几乎找不到真正意义上的传统服务业企业，即使一个村镇上的小卖部，其数字化程度也达到了极高的水平。在中国，传统服务业的工业化和数字化是叠加的，这和其他工业大国服务业、工业化、数字化先后发生的进程有很大不同。

这种重叠无疑将产生更先进的商业模式和更快的迭代速度，最传统的小生意被信息化赋能，以新的商业模式，获取了活下去的先机。

除了生活方式变化带来的商业模式迭代，数字经济的发展所推动的工具迭代，将有助于消费率的持续提高，那些跨界进入传统消费领域的创业者，看到的就是这种机会。

数字经济边际效益递增、边际成本递减的效应非常明显，而工业经济边际效益和成本的变化却是波动性的，是不确定的。数字技术降低市场交易成本，降低企业组织成本，在超大规模人口形成的统一市场中，效益更加明显。

数字经济让"大平台＋微企业"成为消费经济中的重要模式，将在很大程度上改变传统消费经济中大中小微企业"科层式布局"的传统格局，直播带货模式的火爆，展现出这种新模式的魅力。无数小微企业和个人创业者，通过短视频和直播开展自己的生意，个人凭借数字工具低成本创业，将造就无数个既是老板又是员工的"新型个体户"。**这种企业边界和经营模式的变化，开辟了劳动致富的新舞台，本身具有共同富裕的先天基因。**

 # 第六节　双重迭代，双倍机遇

中国经济正在经历从工业化中期到工业化后期的迭代，同时也经历着数字化对工业化的迭代。双重迭代，面临双倍不确定的同时，还有双倍的机遇。

在巨大的发展机遇之前，处于守势的传统服务业从业者和携带数字工具年轻一代的新入局者，都面临着双重迭代下如何走对下一步的困扰。在研究了众多近些年中国市场消费行业的案例之后，可以概括总结出双重迭代消费经济的六大趋势，后面各章的内容，主要围绕这六大趋势进行阐述。

1. 趋势一：连锁经营成为服务业发展的大方向

作为连锁经营的鼻祖，如今的麦当劳已经高度数字化，经过了数字化转型。在中国的麦当劳，如今已经有80%的点餐是顾客在手机上完成的。通过数据平台，麦当劳将全球36000多家店面的经营数据，每15分钟就同步到总部的数据中心一次。总部会把每家店面的核心指标和典型市场模型进行对比，从而精确地判断每家店的经营情况以及问题。通过数字化，麦当劳的管理真正打破了层级限制，让加盟连锁的管理颗粒度更加细密。

连锁化本身就是工业化后期服务业必然进入的基本运行方式，中国服务业连锁化的同时正好与数字化结合，在双重迭代下，连锁经营改变了生活服务业传统的营销方式，使品牌可以更高效、更精准地触达消费者。数字化也改变了服务业连锁企业的运营模式，可以更有效地支持门店和员工的管理。

未来的数字化，平台也将和连锁经营进一步融合，连锁化门店的交易功能也会有部分被迭代，那些善于使用互联网为顾客提供便利服务的品牌，将成为消费者的首选。连锁经营和数字化构成了传统服务业发展的双重迭代，是未来生活服务业发展的潮流方向，服务业企业如果不是基于连锁经营构建的商业模式，将很难有生存空间。

2. 趋势二：特许加盟比直营连锁更有优势

近几年国内众多网红连锁品牌如喜茶、瑞幸、西少爷、便利蜂等不约而同选择了直营连锁方式，这一选择有其历史背景，那就是过去几十年中国以特许加盟方式经营的连锁品牌，大多以失败告终，加盟商不讲诚信、不听话、不珍惜品牌，通常被当作导致这一失败的主要原因。但事实上，品牌方的管理粗放、盘剥加盟商、注重短期利益等问题，是更关键的因素。

应当看到，特许经营方式在被数字化赋能之后，将大大简化管理流程、降低管理成本。如果品牌方从直营模式开始经营，将面临管理成本不断提高的问题，后期再进行加盟转型相当于重新建立商业模式，原有的管理团队适应这一转型需要付出极高的代价。

3. 趋势三：服务比产品更有发展空间

在下一轮消费热潮中，餐饮、美容美发、健康服务、家政、宠物、旅游、体育、文化等服务消费将逐渐占据更大的比重。从生活服务各行业来看，数字化水平差异比较大，据相关部门统计，目前中国酒店业的数字化率达到44.3%，餐饮业数字化率大概是21.4%，家政业数字化率是4.1%，养老服务业的数字化率仅为1.3%。

通过进一步的数字化，将数据前台、中台、后台无缝对接，将线上客源和实体店消费对接，会创造巨大商机。我国网络购物及网络支付的用户规模分别达到8.12亿和8.72亿，这是服务业数字化的宝贵基础。数字化时代来临以后，互联网的创新和传统业务的结合，给相对滞后的生活服务业打开了一个机会的窗口，为企业转型和创业提供了巨大的机遇。

4. 趋势四：自下而上比自上而下基因更强大

从麦当劳到肯德基、从沃尔玛到开市客，美国第二次消费高潮的商业模式创新中有一个非常有趣的现象，这些商业模式几乎都是先从小镇开始，逐步走向全国乃至全世界，这其中一个重要的规律在于，小镇代表着相对较低的消费水准和支付能力，同时也有着巨大的商业空白。从小镇起步的好处是，商业模式从开始就建立在低成本的基础上，企业从开始就具备了低价扩张的基因，而低成本是之后能够走向全国乃至世界的基础。

国内众多获得资本投入的消费类公司都是从一线城市开始走高端路线，它们的优势是大城市的购买力相对较强，早期很快获得建立品牌的成功，但这种成功往往无法复制，一旦走出大城市的商贸中心就很难经营。由奢入俭难，这是一个永恒的真理。

5. 趋势五：品牌比流量更重要

总会有人及时地碰到风口，一夜爆红，在平台的扶持下短时间获得巨大成功，但是仅仅将自己定位为"网红"、赚快钱，而不去规划商业模式、尽快让流量沉淀在品牌上，这样的发展之路不可持续。

不管在什么平台上、以什么内容崛起的网红，都面临一个巨大的风险，就是未来的命运都寄托在某个平台上，即使平台有竞争，如果出现问题也会有极大的迁移成本，不能及时将流量固化在传统意义的品牌上，很容易遭遇灭顶之灾，很多案例都已经证明了这一点。

6. 趋势六：闪电式扩张已经不可复制

互联网创业阶段，闪电式扩张一度被称为发展方式的灵丹妙药，因为在这个阶段进入互联网的都是在建立平台，一旦某个方向的平台模式被建立起来，资本必定蜂拥而至。此时，哪家创业公司抢得先机，实现闪电式增长，就能形成赢家通吃的格局。但经过多年的发展，各个领域的商业机会早已被各种平台全面覆盖，平台模式难以复制。

如果新的商业模式不再具有垄断性平台的基本特征，也就不再具有闪电式扩张的前提，在非平台领域进行闪电式扩张将为公司发展埋下巨大隐患。从每日优鲜、叮咚买菜等被标榜为互联网创业的案例来看，互联网平台模式是有边界的，一旦越过互联网轻资产的边界，其创业和成长模式就很难再被复制。

著名企业家张瑞敏先生说过一句话："没有成功的企业，只有时代的企业。"每一个时代都会诞生新的企业，它们携带新的商业模式，对旧的商业秩序进行无情的迭代。后工业化和数字化的双重迭代将主宰新的商业秩序，决定商业模式的构建方式和演进路线。

第一章　餐饮工业化：大品牌小店面

第二章　特许加盟——连锁品牌的必由之路

第三章　不低价，无连锁

第四章　扩展品牌界面，打造大众品牌

第五章　场景：卖产品，更卖故事和氛围

第六章　商业模式，基因决定

第七章　老市场，新营销

第一部分

模式
再造

第一章
餐饮工业化：
大品牌小店面

　　目前中国最主流的连锁快餐品牌都是先进入一二线城市的购物中心、高铁车站、机场以及高端写字楼的底商，由于要分摊高额租金，其对象只能是商务人士和家庭逛街购物时的偶然消费。

　　从发展的眼光看，真正成为中国麦当劳、肯德基的不会是这些高端连锁快餐，而是从小城市甚至县域发展起来的品牌。一旦它们有能力突破管理瓶颈，先天的基因决定了它们更符合连锁快餐商业模式的内在规律。

　　从连锁餐饮商业模式最本质的特征看，通过建立强大品牌影响力，采用特许加盟的方式逐渐取代众多的小型街边店，实现餐饮业的大迭代，是连锁餐饮品牌的初衷和宿命，大品牌小店面将成为餐饮市场的主流。

 第一节　想成为快餐巨头，中国企业都学错了

　　1954 年夏日的一天，一脸皱纹、谢顶、糖尿病和风湿关节炎患者，奶昔搅拌机推销员，52 岁的大叔雷·克洛克——未来的麦当劳老板，开着自己破旧的凯迪拉克来到圣贝纳迪诺，这是一个距离洛杉矶约 100 公里的沙漠小镇。

　　在之前 30 多年的职业生涯中，他办过乐队，后来长期向餐厅和酒吧推销

纸杯和奶昔搅拌器，兢兢业业，却一事无成。

专程来此的目的，来自一个优秀推销员天然的好奇心——为什么这里一家普通的"得来迎"摊档居然买了 8 台 5 头奶昔搅拌机？"得来迎"就是"Drive-in"的音译，其实就是卖给司机热食的路边小店，并不是餐厅。

上午 11 点，雷·克洛克来到麦当劳售货亭的门外，看到的是这样一个场景：售货亭是一个立在路口的八角形建筑，占地也就 20 平方米左右，服务员是清一色的小伙子，穿着整齐的白色衫裤，戴着白色纸帽子。客人们停下车来，在售卖柜台前排队，然后拎着一袋袋汉堡回到汽车上大快朵颐。

他随机采访了一个顾客，顾客告诉他：在这里只要花 15 美分就可以买一个货真价实的汉堡，而且不像在其他"得来迎"需要等很长时间。他问另外一个蹲在地上啃汉堡的建筑工人大概几天会来一次，工人回答说："我每天都来。"

雷·克洛克一直在外边观察到下午两点半，才走进餐厅找到麦当劳兄弟做了自我介绍，谎称自己是来洛杉矶参加一个商务会议，顺道来看看。

在接下来的交谈、参观后，他对这家餐饮小卖部做出以下总结：

1）他们只卖有限的几种食品，大大缩减了菜单，而不是像别家为了迎合顾客卖很多种食物和饮料；

2）他们把食品制作和服务的每一步都明确到位，使之规范化，让每个员工都了解工作完成的细节并遵照执行，而不是根据自己的习惯来；

3）产品标准化，每个汉堡都用 0.1 磅的牛肉饼；

4）他们用新油炸薯条而不是像别的餐厅用炸过其他食品的油；

5）价格低，每个汉堡售价 15 美分、咖啡 5 美分、薯条 10 美分，一顿饭 30 美分搞定。

麦当劳兄弟还带雷·克洛克去见了他们新店的设计师，在新的设计方案中，新的店面外观被设计成红、白、黄三种颜色，鲜亮醒目，在屋顶则竖起了两个大大的拱门。

麦当劳两兄弟在开设一家新店的时候，会在篮球场上把新店的房屋格局画上，再在上面显示厨房所有设备和工作台的布局，大家在球场上模拟工作时需要走的路线，以获得最节省时间的摆放方案。

另外，非常重要的一点，洗手间被设计进了餐厅。在麦当劳的老店和其他品牌的餐厅，洗手间通常在停车场的另外一边，和办公室、仓库或者加油站在一起混用。在麦当劳进入中国的早期，干净的厕所一直是它在中国顾客心中重要的加分项。

有关麦当劳的传说早已经烂大街，但以上这几个方面，至今依然是支撑麦当劳品牌的核心因素。

从肯德基、麦当劳进入中国的第一天起，就有无数的人要做中国的麦当劳、肯德基，现在更是有不计其数的中餐连锁品牌，都声称它们是或者即将成为中国的麦当劳。但30年过去了，从严格意义上来说，还没有一家成为真正的快餐巨头。

人们对麦当劳的认识有很多误区，很多人认为它迭代的是饭馆，但其实麦当劳和肯德基迭代的是路边摊，就像我们街边的包子铺、煎饼果子铺。很多餐饮企业想做连锁快餐，为什么最后失败？因为它研究的是现在的麦当劳，而不是起家时候的麦当劳。要知道，麦当劳成为餐厅，已经是它发展了20年以后。

众多的中国餐饮企业一直所学习和模仿的是进入中国后的麦当劳。如今的麦当劳是全球最具知名度的餐饮品牌，其雄厚的实力以及美国影响力的背书，才是它如今在世界各国成功的关键要素。

1940年，麦当劳兄弟创建麦当劳，1948年，麦当劳引入"快速服务系统"原则，形成快餐店的雏形。但直到1955年，行政总裁雷·克洛克在伊利诺伊州获得特许经销权开设了公司的第九个分店，才形成真正意义上的连锁快餐模式。1961 年，雷·克洛克以 270 万美元收购了麦当劳兄弟的餐厅，后来成立了汉堡包大学，为全世界的麦当劳经理提供专门培训，一整套特许加盟连锁快餐体系才真正完成。整个过程，用了 20 年时间。

直到 1966 年，麦当劳才拥有第一家有座位的餐厅。那时，麦当劳已经上市，成为家喻户晓的大品牌。也就是说，**堂食其实是麦当劳在后来不断扩张的过程中，为适应在城市中心开店才发展出来的新业态。**麦当劳、肯德基所代表的美食快餐模式，中国快餐企业可以模仿吗？这个直击灵魂的问题被提出 30 多年，至今仍然没有答案。

2　第二节　"物超所值"才是麦当劳箴言的关键

麦当劳早就用"品质、服务、清洁、物超所值"的箴言阐明了快餐品牌成功的要诀，每一个中国快餐企业的管理者都在孜孜不倦地追求着这四个标准，但他们没有意识到，成为一个真正快餐优秀品牌的前提是——这四个标准必须同时达到。

而做到这四个标准是个悖论。如果要做到好的品质、好的服务和清洁，就很难做到物超所值也就是廉价，更何况在成本高昂的大城市和繁华商业地带开店，就更是完全不可能。

如何同时实现这四个条件呢？有以下几个前提。

1）**必须把最初的店址选在房租低廉的地方。**房租低廉，能够让钱花在食物的品质上。在连锁店具有足够数量、高额采购量之后获得采购时的议价权，进一步降低成本，进而可以向高房租区域逐渐渗透，这样的商业模式，才可能推广到更加广泛的场景。

2）**必须最大限度地节约管理成本**。麦当劳早期的特许加盟商大多是夫妻店，夫妻店是人类目前能够找到的管理成本最低的开店模式。

3）**必须解决特许加盟和品牌利益一致性的问题**。中式快餐通过特许加盟快速扩张的尝试几乎都以失败告终，客观原因是品牌方对加盟商缺乏持续约束力，持牌加盟商不听招呼各行其是，但深层原因是品牌方和加盟商的利益不完全一致。只要品牌方从供货或设备上赚钱，这一矛盾就永远无法调和。

4）**必须让品牌成长的速度快于经营规模的成长速度**。雷·克洛克在获得特许经营权之后不久就聘请了一家小型公关公司做宣传策划，1963 年花费巨资投放电视广告，引起轰动，1966 年确立麦当劳叔叔小丑代言人。麦当劳在广告营销方面一直引领快餐业，其广告制作水平和传播能力也成为几十年来的业界翘楚。

疫情期间著名的《纽约客》上刊载了一篇万字长文，讲述美国佛罗里达州奥兰多市麦当劳一位员工的故事，本意是呈现疫情期间快餐从业者超负荷工作，呼吁提高时薪。故事的主人公是一名叫卡多纳的哥伦比亚移民，当年 21 岁，自 2017 年以来一直在麦当劳工作。他每小时挣 11.3 美元，这也是当地的最低工资标准。**但从投资者和经营者的角度看，能够用低薪留住员工，能够让他努力工作，这才是管理的最高境界，麦当劳做到了这一点。**

第三节　快餐业做大靠的是供应链

麦当劳要进入一个国家的市场，必须带着它的产业链一起来，而能够支撑这些产业链的市场，必须具备基本的工业化水平。只有在目标市场建立起供应链体系，麦当劳的性价比优势才能真正体现出来。所以，麦当劳开在哪个国家，说明哪个国家已经迈进工业化的门槛。20世纪90年代初，肯德基、麦当劳前后脚进入中国，点儿卡得很准。

麦当劳每年售出数十亿份薯条，需要约四亿千克的土豆；售出数百亿个汉堡，需要数千万头肉牛，另外还需要大量的面粉、生菜、洋葱、番茄、油、酱、鱼、蛋、鸡肉等。没有数百家供应商的支持体系，很难想象麦当劳能在全球获得成功。**在全球化之前，美国农产品从种植、养殖到加工，从包装、物流到销售就完全实现了工业化，这也是以麦当劳为代表的快餐业在20世纪50年代集中出现的前提。**

喜福就是最早和麦当劳合作并一起成长的供应链公司。雷·克洛克拿下麦当劳特许加盟权之后，把事业的落脚点放在了家乡伊利诺伊州，发家于伊利诺伊芝加哥的肉类加工企业喜福，成为麦当劳最早的供应商之一，1955年被选为麦当劳第一个牛肉饼供应商。

后来，麦当劳的店开在哪里，喜福的工厂就同步开在哪里。随着麦当劳在全球范围内的成功，喜福也跟着麦当劳慢慢变大。麦当劳进入中国香港之后，喜福马上就把工厂开到那里，中国内地第一家店开在深圳就和喜福在中国香港的工厂有直接关系。

为了迎接麦当劳北上北京，1991年12月喜福在河北大厂的牛肉饼制造工厂就开张了，几乎与此同时，薯条的供应商美国辛普劳公司（以下简称辛普劳）的薯条加工厂也在中国落地。几年之后辛普劳在中国多地建立了土豆种植基地，辅导农民按照标准化的方式，种植符合麦当劳要求的土豆品种。

随着麦当劳、肯德基等美式快餐企业的到来，喜福、辛普劳、泰森、嘉吉等众多的供应商都在中国建立了自己的企业和工厂。随后，众多的中国本土企业也向这些跨国公司学习了现代农业和食品加工的技术和理念，不仅成为这些快餐企业的供应商，本身也逐渐成长为现代化工业企业。

麦当劳陆续进入世界各国，大体都经历了类似的过程，抢走一些人的饭碗，同时，也让这个国家的农业和食品工业以及服务业水平整体得到提升，并给另外一些人提供了工作机会。 以麦当劳为标志的全球化虽然一直被攻击，但给全球工业化进程带来的正面效应十分明显。

第四节　新的生活方式带来新商业模式

1930 年，美国将近 90% 的家庭拥有了汽车，每千人汽车拥有量达到 245 辆。路边餐厅大量出现，更重要的因素的是多条州际公路的开通。

雷·克洛克家住芝加哥，在电影《创业家》中，雷·克洛克经常开车沿着 66 号公路往返于芝加哥和洛杉矶之间。电影开始，因为推销屡受挫折，已经心浮气躁的雷·克洛克停车到路边想买个汉堡吃，漫长的等待让他火冒三丈。

66 号公路在 1938 年通车，大萧条时期政府的大规模就业救助计划加速了公路的竣工。公路从美国东北的芝加哥穿越美国中西部，到达西南部的洛杉矶圣塔莫妮卡海滩，跨越八个州、三个时区，全长约 4000 千米。这条被称为"美国大街"的公路，在长达半个多世纪的时间里，孕育了众多的电影、音乐、绘画等艺术作品，承载了美国人对那一段岁月的集体记忆。

鲍勃·迪伦的歌曲不少都是诞生于公路，也沿着公路流传。2020 年，获得诺贝尔文学奖的歌手鲍勃·迪伦的画展在北京今日美术馆开幕，鲍勃·迪伦的中国歌迷领略了这位诺贝尔文学奖获奖歌手的绘画天分。

在全世界都知道他的文学和音乐造诣之后，他还捎带着用绘画"干预"

世界。其中一幅画画的就是吉姆丹尼斯汉堡小店，一幢孤零零立在公路旁的小白房子，旁边立着比房子还高的大招牌，可以让赶路的司机清楚地看到它。这个快餐品牌比麦当劳诞生时间稍晚，现在依然存在。

在 66 号公路通车后的几十年时间里，大量的年轻人从美国东北部的五大湖地区、新英格兰地区开车奔向加利福尼亚州海滩，寻找温暖，也寻找希望。在生机勃勃的加利福尼亚，大量电子信息、生物、影视、体育、文化等新兴行业恣意生长，形成了完全不同于东北和中东部老工业区的经济格局，引领着美国经济发展的新理念、新模式。

回过头来看，66 号公路代表着美国从工业化中期向工业化后期和信息化社会转型的方向，以消费为基础，形成以“吃喝玩乐”产业模式创新为代表的新商业模式，成为经济发展的带头大哥。

随着高速公路的开通，已经少有人再去走 66 号公路了，但有关 66 号公路的文化符号似乎已经成为非物质文化遗产，这条公路孕育出的麦当劳，也成为这种文化符号的一部分。

州际公路让公路不再仅仅是出行线路，而成为城市商业的延伸，加油站、汽车修理站、汽车旅馆和路边餐厅带动一些原本荒凉的地方变成小镇。**商人们敏锐地意识到，公路上的车流已经成为“黄金之河”，众多的消费品牌，都诞生于公路商业。**

5　第五节　快餐不是穷人专供

疫情暴发初期，麦当劳高层和其他快餐业老板与时任总统特朗普通了电话，希望在疫情封锁期间，政府允许快餐店继续营业。作为汉堡包和薯条爱好者的特朗普，欣然同意了老板们的请求。一位急诊医生说，这段时间医护人员基本依赖快餐店来维持生活。

快餐已经成为美国人民的国民厨房，在任何一天，美国都有超过三分之一的人靠吃快餐过日子。疫情导致了经济萧条，许多人减少了高档餐饮消费，快餐消费反而增加了。

美国前总统特朗普简直就是麦当劳的免费代言人。在白宫、空军一号和其他各种场合，特朗普的旁边总能看到汉堡包纸盒，他甚至用垒得像小山一样的汉堡包和薯条在白宫举办招待宴会。他对汉堡包的评价是：伟大的美国食品。

特朗普最喜欢的四个品牌依次是麦当劳、肯德基、必胜客和可口可乐。在将近80年的人生岁月中，吃掉无数个麦香鱼、巨无霸的特朗普，用自己的亲身实践告诉世界，有关美式快餐是垃圾食品的说法，是个不折不扣的"假新闻"（fake news）。

实际上，最近几任美国总统包括克林顿、小布什、奥巴马，都是麦当劳爱好者。奥巴马甚至把去麦当劳作为政治秀的一部分，除了自己排队买汉堡，还把时任俄罗斯总统的梅德韦杰夫请到路边的麦当劳餐厅就餐。

他们差不多生长在同样的年代，特朗普1946年出生，正是第二次世界大战后的"婴儿潮"时代，碰巧那也是一个快餐业迅速崛起的年代，同时也是美国经济发展最快、人民生活水平提升最快的时代。作为从丰裕社会成长起来的一代人，特朗普的爱好也是一代人的共同爱好。对特朗普那一代人来说，从家长那里要几毛钱去麦当劳撮一顿，是美好的童年记忆。

这种从童年带来的饮食习惯会保持一生。快餐虽然廉价，但并非只是低收入者的标配，而是全社会的共同需求。20世纪50年代，连锁快餐业席卷美国。越来越多的人开始在外边而不是家里解决一日三餐，大量的美国家庭除了周末，平日很少再开火做饭。电影、电视、体育比赛、文艺演出……更加丰富的生活方式和更快的工作节奏，让在家做饭变得十分奢侈，连锁快餐在这种背景下迅速发展壮大。**快餐虽然价格低廉，但并不是穷人专属，而是整个社会快节奏运转解决方案的重要组成部分。**

当然，对于政客来说，吃麦当劳的象征意义十分明显，就是自己和老百姓吃同样档次的食品，这种心理暗示有利于选情；同时领导人的带头作用也相当于为快餐业做了免费的广告，让快餐业的地位更加稳固。

 ## 第六节　快餐业要成为全社会的 24 小时食堂

进入工业化后期的现代社会，在城市里，人们生活方式的最大变化之一就是就餐方式和就餐时间的变化。大部分人的大量进餐时间要在食堂、餐厅和小吃摊上解决，固定时间的一日三餐也被打破。

显然，在进入农业社会之前，智人是无法保证一日三餐的，在更早之前的人猿和猿人就更没有能力了，依靠采摘、狩猎、打鱼获得食物的时代，人们只能凭运气决定进食的时间和数量。

进入农耕社会，人们依然不能保障固定的一日三餐，即使在风调雨顺的鱼米之乡，人们也是根据农时和农业劳动的节奏吃饭的。大部分地方的大部分时间里，一天吃两顿，只有在农忙的时候才会吃三顿。

在缅甸的曼德勒，参观寺院开饭是一个固定的旅游项目。每天上午 10 点左右，做完早课，从七八岁到十几岁的年轻僧人们每人抱着一个大饭钵，在院子里排起长队。年长的僧人从巨大的木桶里舀出满满的一大碗米饭倒在他们抱在胸前巨大的饭钵里，另外一个师傅再往米饭上淋一勺由辣椒、酱油和食用油调制的酱料。僧人们三三两两，找地方坐下，一边聊天，一边吃饭，一边享受透过树林照射过来的阳光。

每天，他们只吃这一顿饭。但我目测年轻的僧人们个个面色红润，有的小伙子的胳膊竟然肌肉饱满。这让我开始怀疑一日三餐的必要性，只要总量足够，一天一顿饭照样可以满足营养需求。美国威斯康星大学麦迪逊分校曾在国际顶级学术期刊《细胞》（cell）的子刊发表文章，通过一项小鼠对比实验，发现一天吃一顿更长寿。

一日三餐，按点儿吃饭，其实是工业化时代生产的需要带给人类生活方式的异化。在工业化时代大量的人一起开始和结束工作，而且劳动强度大。在固定时间里吃三顿饭就被固化下来，并成为整个社会的生活习惯。其实这种习惯在全球也就持续了 200 年，在工业化晚的国家开始得更晚。

按照被越来越多的人认可的基因决定论，一日三餐按时吃饭只是因为最近几代人形成的生活习惯。那么结论也很自然，固定的进食时间和人的健康没有关系。没有人会坚持在每个星期三 18 点去准时给汽车加油，同样也没有必要每日三餐、按点儿吃饭。

所谓各种必须吃早饭、必须一日三餐才能保证健康的传言，其实都是依据现实状态、寻求合理解释的思维惯性，在国际医学界找不到公认的根据。按点吃饭的习惯也决定了单位食堂和街上的餐馆，都依照同样的时间开门提供服务，反过来食堂和餐厅的服务时间也固化了人们按点吃饭的生活习惯。

美国大学食堂基本都是全天开放，笔者和在食堂勤工俭学的中国留学生攀谈才知道，他们打工的时间分布在从早到晚的各个时段，上课时间也是从早到晚都有安排，并不会刻意避开 12 点到 13 点、18 点到 19 点这样的饭点儿。因为教学安排不会考虑饭点儿，作为服务体系的食堂当然要全天开放，而且，各个学院的课表和活动安排食堂都是可以得到的，食堂按照教学安排了解各个时段大概的就餐人数，据此开饭。

食堂全天开放，貌似增加了成本，实际上不但提高了服务水平，而且是降低成本的。因为很多学生会按照自己的课程来安排吃饭时间，通常就餐者会分布在各个时间段。食堂不需要按所有学生数量来设置餐位，节省了食堂的面积。从人力成本上来说，工作人员在工作时满负荷，工作时间一到就可以下班回家。食堂同时还可以补充勤工俭学的学生和帮厨的短工，并不会增加太多费用。而定点开餐的食堂员工在两餐之间虽然空闲，但也算在工作时间内，实际上是提高了人力成本。

食堂全天开饭，每个人根据自己的具体安排来决定就餐时间，不用因为要在闭餐前赶到食堂吃饭而打断学习或者会议。这种良性的循环，就是后工业化社会的吃饭方式。我在美国谷歌和脸书参观的时候也特意参观过他们的餐厅，发现和大学里差不多，食堂有超长的开放时间。

把这种方式推及社会，就是麦当劳代表的快餐出现并被社会欢迎的重要因素。除了快速、清洁、标准，快餐给用户带来的非常重要的体验就是可预期性，不仅有食物、分量、口味、等候时间的可预期性，还包括在任何时间都可以获得美食的可预期性，**且不用关注餐厅开餐和闭餐的时间。**对于后工业化时代的人们来说，这比汉堡包的味道更重要。

第七节　快餐做不大，不是看"走眼"而是能力不足

有一次我出门办事，突然想起附近有家西贝超级肉夹馍店。作为一个资深肉夹馍爱好者，谈完事儿，我果断谢绝一起吃工作餐的邀请，兴冲冲出门找了过去。十分失望的是，只看到拆掉一半的招牌和紧锁的大门——又一个

寄托着西贝老板贾国龙冲出亚洲走向世界的梦想破灭了。

来自内蒙古的西贝老板贾国龙自己也没有避讳西贝几年来在快餐新业务上屡战屡败、屡败屡战的历程。从西贝燕麦工坊、西贝燕麦面到麦香村，再到西贝超级肉夹馍以及尚未出生就被放弃的弓长张，西贝前后共做了七八次中式快餐尝试，都以关门终结。贾国龙最新的快餐品牌已经开放特许加盟，名字叫"贾国龙中国堡"，肉夹馍变成了馒头夹炒菜，希望这一回他能实现梦想。

不只贾国龙，自麦当劳进入中国后的30多年时间里，无数中国餐饮企业都把成为中国的麦当劳作为终极发展目标，但时至今日，中餐无法做快餐的魔咒依然未被解除。

虽然有真功夫、老乡鸡、九毛九等不少餐饮企业做到了数百家、上千家连锁店的规模，但就中国巨大的快餐需求来说，真正意义的全国连锁餐饮品牌依然没有产生。这些连锁餐饮品牌更应该被称为连锁简餐，而非典型意义上的连锁快餐。

说它们不是完全意义上的连锁快餐，是因为这些还算成功的中式简餐总体来说有以下几个共同问题：

1）局限在某一地域，连锁店没有开设到全国范围内；

2）消费场景单一，适应的消费层级不够普遍。有的分布在大城市主商业街、综合商业体，有的主打三、四线城市，还没有出现能同时存在于各种消费场景的超级品牌；

3）就餐速度不够快，点餐、等位过程烦琐；

4）外带不方便，无法单手进食。无论是肯德基还是麦当劳，从食物到餐具都是为外带设计的，可以一边开车，一边单手用餐，这才是快餐业真正的灵魂。即使不开车，一边吃饭，一边打电话或一边翻报纸文件，发展到现在一边吃饭，一边玩手机，都是快餐所需要解决的痛点。

造成这一现象的原因复杂，和中国的饮食文化丰富、地区差异大、收入差距等因素有关，但企业决策者在认识和管理上的一些瓶颈长期不能突破，是更加重要的根本原因。

以西贝为例，其中式正餐业务已经发展得十分成功，练就了一支成熟的管理队伍。进军快餐老板也高度重视，亲自挂帅，态度坚决，保障有力，是真正的一把手工程。但百般尝试总是失败，问题出在哪里？

贾国龙是这样总结几次失败的。

2016年贾国龙发布了"西贝燕麦面"计划，宣称未来要在全球开到10万家店。3个月后贾国龙才想起，俗称莜面的燕麦面对除内蒙古西部和河北、山西北部的人来说缺乏认知，市场教育成本过高，品类过于小众，于是毅然关掉。

叫停"西贝燕麦面"后，贾国龙推出快餐品牌"麦香村"。为了先声夺人，贾国龙玩起了营销噱头，让消费者决定"麦香村"的核心产品。麦香村有多达38个SKU以及四种套餐的组合，频繁调整，最快一两周就要调一次。在选址上紧贴麦当劳、真功夫这些大牌旺店，推出三个月后，又被叫停。

接下来，贾总看上了肉夹馍，推出"超级肉夹馍"。肉夹馍这个单品与西式的汉堡、三明治很相似，几年前，"西少爷"刚在北京建立两三家店面的时候，创始人孟兵就和我讲述了成为中国麦当劳的宏伟愿景，支持这个愿景的重要原因就是肉夹馍和汉堡包的相似性。贾国龙的"超级肉夹馍"比前几个项目存活的时间长了许多。两年后，就像我在文章开头描述的那样，关张了。贾国龙表示，"超级肉夹馍"重投入、小营收、重资产、小回报，不符合未来开10万家店的梦想。西贝还筹备过一个名为"弓长张"的中式快餐品牌，主打现炒快餐，定位国民食堂，令人唏嘘的是"弓长张"项目似乎已经胎死腹中。

　　从贾国龙在进军快餐业屡战屡败的总结上看，他最终把所有失败的原因都归结为市场定位不准。很难想象这家全国规模领先的餐饮企业，在推出新业务时不进行全面的市场调查。

　　这在一定程度上反映了中国企业家把品牌的胜败过多地聚焦于所谓市场定位的误区。定位固然重要，但建立在所谓定位理论上的商业模式，总是让企业家们把精力都放在了从外部寻找市场机会上，而不是向内、从商业模式的建立和内部管理效率提升上下功夫。

　　这才是他们总是把所有的失败都归结为"看走眼"，而不是"能力不够"的根本原因。

第二章
特许加盟——连锁品牌
的必由之路

目前国内连锁品牌，凡能够实现品牌承诺、达到产品一致性的快餐品牌大多采用直营模式。采用加盟模式的各家店产品和经营水平良莠不齐，大多经历了开始的快速扩张、几年后品牌口碑的大幅下降、最后全面萎缩的过程。

麦当劳兄弟在搞特许经营的早期也是这种情况，有的加盟店到处堆满杂物，有的加盟店把绞碎的下水加入牛肉饼，有的加盟店甚至在菜单上添上了比萨。

加盟连锁品牌的管理困境同时也意味着巨大的商业机会，谁走通了这条路，谁就可以真正做成大品牌。

1 第一节 特许加盟：绝味鸭脖的扩张秘诀

20 多年前，作家池莉在小说《生活秀》里，塑造了一位在武汉卖鸭脖的老板娘来双扬。她应该没想到自己偶然的创作，会捧红一门千亿级的生意；更没有谁想到，武汉市井的一种街头小吃会红遍大江南北。

低投入，高产出，用户黏性强，看上去毫不起眼的街边鸭脖生意诞生了三家上市公司：2012 年，煌上煌最早登陆资本市场；2016 年，周黑鸭在港交所上市；2017年，绝味鸭脖登陆A股市场。

绝味鸭脖算是起步最晚的。2005年，创始人戴文军在长沙街头开了第一家绝味鸭脖店，此时周黑鸭和煌上煌都已经在市场上打出了知名度。如今，绝味鸭脖的飞速发展已经让"前辈"望尘莫及。绝味鸭脖开出上万家门店，分布在31个省市区的300多座城市。

从开始谋划，绝味鸭脖就走上了完全不同于两家老大哥的商业模式之路。

周黑鸭的门店，大多在人流密集的商场、地铁和高铁等交通枢纽，绝味鸭脖却很少在核心商业区和交通枢纽区域布局，而是不断下沉，将门店开进社区街道，成为菜市场的邻居。

这背后，其实是两个品牌截然不同的商业逻辑。对同行的这次迭代，注定了绝味鸭脖将走上以特许店铺数量取胜的发展之路。

周黑鸭创始人周富裕，在卤菜坊打工的时候，萌生了自己创业的念头——这是绝大多数草根创业的基本路数，这种类型的创业者往往执着于产品质量。创业之初，为找到满意的卤鸭味道，他连续试了100多天，每天卤四五次，就用这样的"笨"办法，试出了最佳的火候和卤料。对周富裕而言，独一无二的味道是周黑鸭最核心的价值。

相比之下，绝味鸭脖的老板戴文军曾是湖南一家龙头药企的市场部经理。与周富裕不同，戴文军并不关心鸭脖味道是否够特别，相反，他似乎更倾向于让绝味"普世"一些，就像街头拐个弯就能吃到的大排档。

两位创业者，一个更像肯德基的山德士上校，一个更像麦当劳的雷·克洛克。

不同的核心逻辑造就了不同的定位。周黑鸭从口味到包装，都更像是一种地方特产，消费者的购买似乎需要特定场景：偶尔在商场的一次购物或旅途中的高铁站。绝味鸭脖则没有那么多"仪式感"，它更像日常消费品，和人们每天买早餐、喝奶茶一样，随时就可以来一份，这种日常和大众，无疑更适合走量，实现规模化。

本质上，绝味鸭脖首先通过广告营销打开知名度，再以此吸引加盟商进入。从公交车、电梯到电视、新媒体，都能看到绝味鸭脖的广告。绝味鸭脖的广告宣传费用占销售费用的比重远高于周黑鸭。

直到 2019 年，周黑鸭一直坚持自营，绝味鸭脖则早就敞开大门，借助加盟商在全国迅速扩张。在中国的特许加盟业态中，似乎已经形成一种态势，只有直营才能保证产品和服务质量，才能真正建立起品牌的美誉度。

但直营的发展速度肯定比不过特许加盟，因而也会错失做大的机会。

绝味鸭脖的加盟门槛很低，一般与加盟商签署三年的加盟合同，加盟费 2 万元左右，绝味鸭脖提供统一的装修、设备、原材料，加盟商提供装修费，一般控制在 6 万元以内。再加上它的门店大都避开繁华地段，地租相对便宜，想要开一家绝味鸭脖店，初始投资大概只需要 10 万元左右。

品牌知名度 + 低门槛加盟条件给绝味鸭脖的扩张之路插上了翅膀，从 2014 年起，绝味鸭脖以每年超过 1000 家加盟店的速度增长，打破了鸭脖作为地方特色食品的发展瓶颈，将近 15000 家加盟店均衡地按照全国的人口密度分布。

绝味鸭脖的品牌定位，从一开始就摆脱了鸭脖的地方特色，强调口味的普适性和日常消费的特点。产品上，除了鸭脖，还增加了其他品类的荤素凉菜，社区居民即使对鸭脖不感兴趣，也能买到其他卤菜；同时，绝味鸭脖通过在全国各地建加工厂，减小供货半径，使用冷链散装，降低了产品价格，顾客每次购买的客单价只有 21 元，远远低于周黑鸭 60 元的客单价。

和周黑鸭相比，绝味鸭脖的毛利润并不算高，也就是说，在很长一段时间里，绝味鸭脖都没有周黑鸭赚钱，其原因在于绝味鸭脖截然不同的盈利模式。

2 第二节 做好供应链，管好加盟商

一般来说，特许加盟企业的盈利模式无非三种：一是收取加盟费，二是从营业额中抽头，三是卖产品或设备给持牌加盟商。绝味鸭脖走的是第三条路。除了低加盟费，绝味鸭脖对加盟商压货要求也很低，不分享门店的经营利润，只强调对门店标准的管理。

绝味鸭脖的营收中，来自加盟店的批发收入占 90% 左右，鸭脖是一门溢价非常高的生意。将鸭脖加工之后，绝味鸭脖以批发价卖给加盟商，差价就是绝味鸭脖的批发利润。1 万多家店，年采购规模 20 亿元以上，这使得绝味鸭脖对上游食材供应商拥有议价权。渠道上，在全国建立 20 多家加工厂，基本覆盖主要市场区域。而周黑鸭只有 3 家区域加工厂，由于配送距离远，不得不使用 MAP 包装，增加了不少成本。相比之下，绝味鸭脖能做到产地销模式，加工厂 300 千米范围以内当日下单、当日生产、当日配送，不仅有效减少存货，包装成本也更低。

这种方式也能解决门店扩张的后顾之忧：产品配送时间短，能够较高地保证产品的新鲜度，"一个市场、一个生产基地、一条供应链"也便于品控，减少食品安全隐患。

绝味鸭脖与麦当劳相比，商业模式有本质的不同。麦当劳坚持不向持牌加盟商直接供货，而是与供应商形成合作关系，其理念是和持牌加盟商共进退，形成真正的利益共同体，而不是通过供货赚持牌加盟商的钱。

绝味鸭脖与持牌加盟商的关系，本质上更像一个售卖食品的分销体系，而批发商与零售商之间的立场不可能永远一致，当品牌授权方作为一家上市公司需要业绩的时候，是否会牺牲零售商的利益，需要时间来考验。

第三节 和加盟商站在一起，不做供应商赚差价

和众多特许加盟品牌不同的是，麦当劳的商业模式中自己不向加盟店提供半成品。

为什么不向持牌加盟商供货赚差价？**雷·克洛克这样解释：我不能一方面当他们是合作伙伴，另一方面又卖给他们东西来获取利润，这肯定会有利益冲突**。一旦成为他们的供货商，我就会更多考虑自己赚钱，而不是帮助加盟者提高他们的营业额。这样一来，潜意识里就会想方设法降低成本以提高自己的利润，势必会影响产品的质量，会对加盟系统产生负面影响，违背我们千方百计帮助加盟者成功的宗旨。

自己绝不向持牌加盟商售卖任何设备和产品，只有这样才能让自己的屁股和持牌加盟商坐在一起，而不是每天想着赚差价。

但如何管理这些供应商呢？麦当劳自己建立了一个认证体系，谁想进入这35000家店的体系里面，必须经过申请和严格的审批过程。无论是不锈钢厨具、冰箱冷柜还是清洁用品，甚至包括员工的工装，每一个领域会放进几家符合标准的企业，让它们在价格方面存在竞争，供自营店和加盟商挑选。而最重要的食材和配料供应商则完全由总部指定，分支机构和加盟商是无权挑选的。

麦当劳在选择供应商方面有一整套严格可行的标准，这个标准是全球统一的：供应商必须是行业专家，即在其精通的领域，无论是产品质量控制方面，还是经营管理方面都必须是行业的领先者；并且在食材供应上，尽量做到本土化。

以马铃薯的供应商辛普劳公司为例，作为全世界最著名的马铃薯种植和加工企业，麦当劳开到哪里它就跟到哪里，甚至比麦当劳开店的时间还早。在麦当劳到中国的第一家店面开业之前，辛普劳公司就在山西、内蒙古开始实验马铃薯的种植，培训农民按照麦当劳的标准来种植马铃薯。

供应链企业与麦当劳谈定供货价格后，直接向加盟商供货。麦当劳总部一方面严把食材和配料的供应渠道，以保证食品安全和质量，同时又在设备及用品采购上引进竞争，使分支机构和加盟商节省成本，实现共存共荣的合作关系。

在中国连锁餐饮企业中，还没有听说哪一家企业采用麦当劳模式，不从加盟商的原料供应中赚取利润。**不从持牌加盟商身上赚钱，而是通过扶持加盟商增加营业额来赚钱，这是中式加盟连锁和麦当劳早期加盟连锁商业模式上的本质区别。**

早期麦当劳的利润获取有三个途径：

1）自己经营少量直营店的利润；

2）持牌加盟费用；

3）持牌加盟店营业额的抽头，比例是1.9%。

由于很难搞清楚持牌加盟商的真实营业额，也难以有办法真正把管理规则落实到加盟店的经营中，近几年中式连锁加盟基本上都放弃了通过营业抽头来获取利润的做法，这从根本上导致了持牌加盟商和连锁品牌之间无法形成共同的合作伙伴关系，一旦加盟之后，最终都会出现持牌加盟商不听话的结果。

因此，由于品牌基础不牢，在快速发展一段时间之后，众多持牌加盟商通过他们共同的努力，搞砸连锁品牌是必然的结果，这也是中国主流餐饮品牌始终无法成长起来的真实原因之一。

第四节 夫妻店是最理想的加盟商

在只有很少的店面、没有品牌优势的时候，如何做到廉价？只有一个办法，那就是特许经营。

在早期，夫妻店是麦当劳的基础，一般是丈夫负责运营和设备保养，妻子负责财务和行政。夫妻店的好处是，夫妻二人会倾尽全力进行运营，自己直接参加劳动而不用支付工资，这是降低成本最关键的环节。如果采取直营模式，雇用正式管理人员必然提高门店的运营成本。

一个广为流传的说法是，麦当劳其实是一家靠房地产地租差赚钱的企业，因此才可以让价格如此低廉。在最初开展特许经营的时候，为了帮助持牌者选择更恰当的经营场所，麦当劳的确曾经长期租赁房产，按照自己的理念装修改造后租给持牌者，但其实这从未成为一个主要的盈利方式。

在麦当劳最早加盟的前 160 家餐厅里，只有 60 家是麦当劳建造或改造的，其他 100 家门店都是持牌人自己租赁的。

常识告诉我们，在餐饮这样高度竞争的行业里，如果公司的商业模式不是聚焦在产品和服务本身，而是从房租或资本运作中赚钱，是没有可能成功的。正因为这样的认识，雷·克洛克最终让提出这个想法的合伙人走人。

第五节 餐饮连锁加盟方式更有未来

1950 年，美国的城镇化率达到 65% 左右，此时，美国经历了大萧条和第二次世界大战，早已完成中期工业化，进入工业化后期的消费社会，中产阶级和白领阶层迅速壮大，妇女全面就业，生活节奏加快，劳动人口在家庭之外用最快的速度解决一顿饭的需求猛增。

在供给方面，州际公路网的形成、冷链运输的普及，为工厂化生产和运输半成品食物提供了基础保障。按照罗伯特·戈登《美国增长的起落》一书中的说法，与制造业媲美的高效率才是连锁快餐得以风行的大背景。

连锁快餐品牌的核心能力是凭借一套标准和服务体系，运营大量的特许加盟店，这套体系基本由以下几个部分构成：

1）完善的运营管理和支持，品牌能够为加盟店提供完善的运营管理系统和全面的追踪考核体系；

2）强大的市场策划和品牌宣传；

3）统一的采购和配送，规模化的统一采购、强大的配销系统，将在保证品质的同时极大地降低成本；

4）产品开发和食品安全保障，品牌需要拥有专业的新产品研发团队，严格的食品安全管理机制；

5）人员招募和训练支持，尤其是对初创期加盟店新员工的训练支持和成熟员工的调配；

6）对主要经营者的专业培训，包括餐厅操作及值班管理培训，持续的营运训练和管理培训。

这一整套体系的娴熟运转，保障了任何一家哪怕是新开张的加盟店，都能够向消费者提供味道、品质和服务完全一致的标准化产品。

对比发达国家每天80%的外出就餐率，中国14亿人口目前仅有25%的外出就餐率，还有巨大的增长空间。**未来中国规模最大的连锁餐饮品牌肯定在以连锁加盟为经营模式的快餐企业中产生。**

第六节　企业文化是特许加盟的纽带

奥兰多是美国佛罗里达州中部的城市，由于迪士尼乐园等游乐场的兴建，成为美国著名的旅游度假胜地，奥兰多会展中心也成为两年一次的麦当劳全球大会的永久会址。

每次开全球大会，都会有数万名来自全球各地的代表，在会展中心聚集。场面让人想起奥运会的开幕式。笔者在几年前参加过一次麦当劳大会。会场是一个近万平方米的正方形大厅，代表围绕中央舞台就座。大会以著名歌星阿黛儿献唱开始。接下来是各种颁奖和演讲，受奖者包括全球各地优秀员工的代表、优秀加盟商的代表、优秀供应商的代表、员工终身荣誉获得者等。按照奥斯卡颁奖的方式，穿插各种视频短片，颁奖和发言都经过精心彩排，极具感染力，笔者甚至看到了不少人眼中的泪光。

我参加过不少企业的表彰大会、动员大会、誓师大会，无论是规模、场地，还是各个环节的设计，都无法和眼前的麦当劳全球大会的场面相媲美。作为一家商业企业，能够让全世界不同文化背景的员工和相关产业链代表，产生价值认同和情感共鸣，既要依靠企业文化、管理水平、薪酬标准，也需要这种仪式感十足、场面宏大、设计精心的活动。

人们通常将麦当劳的成功归结为在全球推行食材采购、加工制作、店面设计、经营方式的标准化流程。**但实际上，在企业文化上，追求人类情感的最大公约数——家庭快乐文化，也是这家美式快餐企业得以在全世界不同种族、不同社会制度、不同宗教文化、不同经济发展水平的国家成功经营的重要原因。**

在麦当劳，同事之间不论级别高低都直呼其名。企业在经营流程上十分精细和严格，然而，执行这些规定却没有太多的惩罚制度，员工很少因为工作不到位被惩罚或者开除，相反，基于团队考核的小奖励却非常多。这种管理思路让员工总能身处快乐、轻松的团队氛围之中，这种氛围也必然会传递到服务中。

十分有趣的是，麦当劳对员工的去留从来都是采取宽松的态度，是一家员工流动性非常高的企业，这和绝大部分"最佳雇主"员工流动性低的普遍状况，形成了鲜明的反差。

麦当劳招收员工的门槛非常低，根本不要求应聘者有从业经验，普通大学生短期打工或兼职是首选。由于很多员工的工作时间不固定，麦当劳允许员工提前向经理打招呼，确定自己下周的工作时间。

每个员工上岗后会在各个岗位轮岗，在最短的时间内胜任店内所有岗位的工作，这样也便于员工随时根据自己的计划调整上班时间。很多年轻时在麦当劳工作过几个月甚至几个星期的学生，都十分珍惜自己的这段从业经历，并成为其终生的义务宣传员。

第三章
不低价，无连锁

作为一个现象级的品牌，喜茶成功地让那些从未喝过一口奶茶的中年大叔们知道了自己。但在中国数百个普通城市，热闹的街角、校园旁的小吃街，女孩子们手头捧着的大多却是蜜雪冰城，它才是中国最大的茶饮品牌。

"低价"的基因不是污点，而是商业最本质的内核。目前，世界上绝大多数主流消费品品牌都建立在低价的基础上，蜜雪冰城需要做的是牢牢站稳"低价"这块阵地，并逐渐引领舆论，建立"价低质不劣"的品牌认知，而不是动摇自己一直以来的信仰。

 ## 第一节　低价是连锁商业的本质

在一次讲课过程中我问学员谁知道"喜茶"，几乎所有人都举起了手，我接着问谁知道"蜜雪冰城"，只有一两个年轻人举手。

蜜雪冰城在全国开设了1万多家加盟店，这个数量在全品类的连锁店里也数一数二，远远超出其他品牌。但在寻求上市之前，媒体从来没有关注过它。这1万多家店绝大多数开在三、四、五线城市；从区域上看，主要集中在中西部人口大省，前几名分别是河南、山东、四川、河北、陕西。

蜜雪冰城向新一线和一线城市的扩张趋势已经开始，在北京、上海、深圳等地的非商业繁华区星星点点地出现。在广州的上下九步行街、北京的798

艺术区，蜜雪冰城的小店也似乎稳稳地立住了脚跟。

平均客单价6元，十几年来蜜雪冰城的价格几乎没有上调过。当越来越多的消费者花6元钱买一杯现制茶饮而不需要纠结的时候，市场用巨大的成长速度给这种诚实的低价模式以回报。

喜茶的横空出世一度被当成消费升级和网红经济的典型案例，但事实上，蜜雪冰城才是饮品消费升级的"前辈"，在饮品花样相对匮乏的十几年前，它可能是很多年轻消费者喝到的第一杯现制茶饮。从瓶装饮料到现制饮料，谁能说不是消费升级呢？

按照加尔布雷斯的观点，在丰裕时代，商家创造需求而不是顾客创造需求。至少在中国北方，现制茶饮出现在街头之前，从来就不是消费者的需求。商家把它带到街头，这个需求便被创造出来。

1997年，初中肄业的商丘青年张红超来到郑州。从十几岁就成为"社会人"开始，张红超曾经尝试过各种小生意，但都以失败告终，几年做小生意的锤炼，已经让他的商业嗅觉足够灵敏。

暑假，张红超在郑州街头支起刨冰摊儿。在大多数商业故事里，创始人总是在国外或在大城市取到真经、引进项目，但张红超的创业故事一开始就逆流而上，刨冰项目竟然是他在商丘看到并引入郑州的。

蜜雪冰城的一战成名缘于甜筒冰淇淋。张红超在街头看到一个"彩虹帽"冰淇淋，售价10元，感叹"太贵了！"于是拿着3000元钱到二手市场淘来机器，一个甜筒冰淇淋只卖2元钱，2元钱的定价是他从成本倒推出来的。

因为低价，蜜雪冰城的加盟店能够渗透到县城和乡镇，蜜雪冰城的1万多家店覆盖了344座城市、2860个县级行政区。大学城也是蜜雪冰城的主要阵地，因为它的价格天然符合学生群体的消费能力。业内有一种说法，由于价格的原因，只要有蜜雪冰城的地方，其他奶茶店都不敢在附近开店。

2021 年 4 月，为蜜雪冰城做创意营销的华与华老板，在网上直接点名喜茶，认为这种模式做不了大生意："即使做到 400 多家店，也只有头部品牌的二十分之一。"对此，喜茶创始人聂云宸回应，只从店铺数量上进行比较并无意义，还要看品牌的收入和利润规模。

喜茶主攻一线城市的购物中心，走创意产品路线，成本高，售价也高，依靠网红品牌的人气，在单店销售上可以秒杀蜜雪冰城：蜜雪冰城比较好的店，日均营业额差不多 5000 元，而北京朝阳大悦城的喜茶店，一天可以有 10 万元左右的流水。

但从资本市场的估值来看，蜜雪冰城要比喜茶高得多。能获得资本的青睐，蜜雪冰城显然在模式上做对了什么。蜜雪冰城的规模优势源自低价，但它的原材料成本也极低。蜜雪冰城建立起自己的工厂和仓储物流，不存在经销商和代理商，原材料可以直接运送到加盟店中，大大降低了供应链的成本。

高端精致的喜茶类品牌和接地气走规模的蜜雪冰城类品牌，究竟谁能走得更远？**相比之下，蜜雪冰城的商业模式更符合连锁特许经营的商业本质。**连锁经营的目的就是规模化，要想规模化，必须做到成本控制和价格优势，以及相对简单可复制的流程。

2 第二节　特许加盟为什么从吃鸡开始

1946 年，已经 56 岁的山德士开始了自己的第二次创业生涯。他带着一只压力锅，开着老福特汽车，去到处兜售炸鸡秘方。**他异想天开，打算用自己的名字和配方与别人合作开店获得收益，而自己不出本钱，这种方式后来被称为特许加盟。**

在无数次碰壁后，1952年，西部犹他州盐湖城一家小餐馆的老板决定加盟，第一家被授权经营的肯德基餐厅建立。这是公认的世界上餐饮加盟特许经营商业模式的开始。去号称世界加盟连锁鼻祖的炸鸡店参观是盐湖城的旅游项目之一，餐厅门口有山德士上校和餐厅当时老板的雕像。两位餐饮界前辈的偶遇，开启了特许加盟这一商业新物种的时代。

山德士本来是在肯塔基州开加油站的。看到司机们饥肠辘辘的样子，山德士有了一个念头，为什么不做些吃的卖给他们呢？想到就做，他就在加油站的小厨房里做起了炸鸡。山德士把从黑人那里学来的炸鸡进行了改良，很快就受到了司机们的欢迎。第二次世界大战爆发后，美国实行汽油配给，他的加油站被迫关门。从此山德士专心经营自己的炸鸡店，名声越来越大。没想到战后新建的高速公路绕过了山德士的餐厅，老公路车辆大幅减少，餐厅生意一落千丈，最后关门大吉，还欠了一屁股债。

连锁加盟的商业模式让山德士再次雄起，成为特许加盟之父。为什么世界上最早的连锁快餐是炸鸡？

目前全中国西式快餐开店数量最多的品牌，既不是麦当劳也不是肯德基，而是一个从福建起家、名叫华莱士的本土品牌。华莱士的品牌标志是一只鸡头，显然，它毫不避讳模仿肯德基的出身。截至2022年10月，它以16000家的数量完胜肯德基、麦当劳，更加低廉的价格是其快速扩张的密码。

美国电影《绿皮书》中有一个桥段，酒吧保安出身的白人司机托尼拉着黑人钢琴家去南方巡演，在路上，白人司机娴熟地驾车进入路边的肯德基汽车穿梭餐厅。托尼买了全家桶，一边开车，一边大快朵颐，并且拿一只油腻的鸡腿怂恿钢琴家吃鸡。

钢琴家经不住劝，最后只得接过鸡腿，翘起兰花指，小心翼翼地吃了起来。肚子饿，炸鸡喷香，钢琴家愉快地啃完了鸡腿。

作为一个非美国的普通观众，看到的只是置身上流社会的黑人钢琴家不愿意吃鸡，是因为吃鸡的形象不雅而且这种路边食物太低端，其实，美国人还会看到其中另外一层含义。在美国，鸡曾经被认为是一种黑人喜欢吃的食物，给黑人吃鸡是对黑人身份的刻意强化，在敏感的黑人心中，这是一种巧妙包含在人情世故中不怀好意的歧视，这种微妙心理的形成和黑人被欺压的历史相关。

另外一个吃鸡桥段发生在巡演到了北卡罗来纳州，钢琴演出主人家的晚宴上，主人或许为了表达热情，或许另有深意，特地准备了炸鸡用来招待，黑人钢琴家明显被冒犯，这为后来的冲突埋下了伏笔。

南北战争结束后，自由了的黑人把各种吃鸡肉的方法带到了全国，以鸡肉为原料的食物也就逐渐成了南方菜的重要组成部分，而炸鸡也逐渐成为最受欢迎的食品之一。

作为粮肉转化率最高的驯养动物，鸡的饲养起点低，所以在短缺时代，鸡肉一直是全世界普通百姓日常可以获得的最主要的肉类，自然也是价格最便宜的肉类。如果要用最便宜的价格吃一顿肉，最大限度地同时满足口味、蛋白质和能量摄入，似乎还真找不出炸鸡以外的食品。

这种饮食习惯也造成了味觉的路径依赖，至今在发展中国家鸡肉依然是人们最喜欢的肉食，不同于在美国，肯德基在中国的发展一直比麦当劳要好，这也是一个重要原因。从肯德基进入中国后，山寨肯德基就一直是一种生生不息的商业模式。同属"筷子文化圈"的韩国，"炸鸡啤酒"也是经久不衰。

同样，麦当劳使用牛肉馅而不是用牛肉直接作为汉堡包的原料，最直接的原因就是可以把所有牛肉可用部位全部绞碎混在一起，即最大限度地利用了牛肉，又减少了按部位分割牛肉的人工投入，这样才能保证获得最低价格的牛肉制品，同时保证每一块牛肉饼的大小和肥瘦配比相同。

让开车在路上长途跋涉的老百姓用极低的价格吃饱吃爽，同时通过肉馅混合让每一块牛肉饼都保持几乎完全相同的配比和结构，这是麦当劳率先实现食品制作全面标准化最重要的一个环节。

 ## 第三节　做好这六条让快餐价格降下来

美国外出就餐率的不断提高，和第二次世界大战后妇女加入劳动大军有关，男女都工作，即使生活在小镇上的人们也没有条件回家吃饭了。

除了需求，在供给端的技术进步和管理进步，是连锁快餐迅速崛起的另外一个原因。快餐店把军事化管理和前沿技术相结合，可以在两三分钟内为顾客提供热餐，甚至无须顾客下车等待。快餐店的店员们头戴耳机，同时和顾客、后厨沟通，直接将订单输入电脑。

快餐店表现出可以和制造业相媲美的效率，每一个餐厅都是一个小型工厂。

和特色餐饮相比，快餐不是用来享受生活，而是用来解决问题的，是用来快速并舒服地填饱肚子的，是用来在时间紧张的情况下，无论一个人、一个家庭还是一伙同事，提供大家在价格、卫生、口味、速度上都可以欣然接受的热食。因此它必须是高热量的，必须是营养均衡的。

在所有的快餐品种中，只有麦当劳和肯德基占据了全球头两名的位置，这其中虽然有美国资本和文化的因素在内，但更廉价和更广泛的适应性才是更重要的因素。在世界上大部分国家，鸡肉和牛肉是两种最容易被所有人接受的肉类食品，而廉价才是快餐的终极竞争力。

我们来看快餐最重要的一个属性——价格。还是以麦当劳为例，20 世纪

50 年代，汉堡的售价是 15 美分，咖啡是 5 美分，薯条是 10 美分，也就是说
30 美分一顿饭。

那时候，美国的一个白领，一个月大概挣三四百美元，一个月的工资可
以吃 2000 个汉堡。按照这个标准，放在北京，假如一个普通人月收入 5000
元，那就相当于 2.5 元一个汉堡，加上饮料、薯条，大约 5 元钱，大概就是
这样一个档次。这个价钱在北京的摊点上，可以买一荤一素两个包子，加一
杯豆浆。中低收入消费者顿顿吃都不会有心理负担，才是真正意义上的快餐，
是能够普及的快餐。

在低价的同时，它的产品又能做到非常标准，大部分制作过程在工厂完
成。每个汉堡的牛肉饼都是 0.1 磅，每个鸡块的大小也几乎完全一样。产品
类别少，食品的配方、调味都是固定的，制作和服务的每一个步骤都非常明
确；每一个员工都熟悉所有流程，不需要担心厨师跳槽，也不用担心服务员
离职，每个人都可以被取代。

廉价，才是连锁快餐业能够在消费社会大行其道的真正竞争力。十分有
趣的是，几乎所有美国连锁快餐品牌都诞生在小城市甚至乡村，这种"下沉
市场"形成的品牌基因，决定了这一商业模式从一开始便是为了满足广大低
收入人群的。

在北京，现在最普通的小店，一碗基本看不到几块肉的面条卖到 20 多
元，加上小菜、饮料，需要 40 元左右，根本无法成为普通工薪族无负担光顾
的地方。

实现廉价，要做到以下几点：

1）通过工厂化生产和快捷物流，消灭了厨师这一餐饮行业里最贵的人力
薪酬支出；

2）通过模块化、标准化的产品制作和服务流程，能够只招用最廉价的普

通劳动力或非正式员工，最大限度地节省人工成本。

3）通过超大规模的采购合同获得既便宜又有安全保障的食材和厨房设施。

4）在初创期，只选择房租便宜的地方开店。

5）通过加盟连锁的方式，公司总部管理岗位员工数量保持在最小规模，最大限度地减少高薪人才的需求。

6）早期的加盟商尽量找一起创业的夫妻，这样可以减少加盟商创业成本。

 ## 第四节　包子是个好赛道

真正意义上的快餐还有一个重要特征，就是可以单手进食，不需要餐桌，不需要餐具辅助，可以在任何地方享用。包子似乎是最符合快餐属性的中国食品，它的价格便宜，制作程序简单，更容易标准化，并且包子不太受南北口味差异的影响，具备了规模化的前提。

2020年，一家叫巴比食品的公司在上海A股主板上市，这是一家以卖包子为主营业务的餐饮企业，截至2019年底，只拥有16家直营店，但同时拥有2915家特许加盟店。巴比食品上市，成为"中国包子第一股"，给行业带来了希望。我们可以期待包子能够成为撬动中国快餐业的那根杠杆，只要它找到正确的方式。

一家身处传统"低端"服务业的早餐连锁企业，凭什么能上市？

作为一个最古老的行业，全世界的餐饮很多都是靠夫妻店起家的。以巴比食品为例，创始人刘会平只是一个初中毕业的小镇青年，凭着自己的面点手艺，在多个城市开包子摊点。

1998 年，21 岁的刘会平拿着借来的 4000 元只身前往上海闯荡。他盘下了一个早点摊子之后，经营起了"刘师傅大包子"。**这种家庭经营的小本生意，可以为周边客户提供十分贴心的服务，但很难走上工业化之路。只有少数经营者会懵懵懂懂地意识到社会发展的大趋势，走上和其他店铺不同的发展道路。**

从街边小店起家，卖最便宜的早餐，积累了 10 多年后上市，无论从行业品类还是发展过程来看，这是一家迄今为止最像麦当劳模式的餐饮企业，有这样的可参照系，资本市场看到的就是它若干年后的成长想象空间。

和千千万万个街边小店乃至登堂入室的"狗不理"相比，创建仅 17 年的巴比食品实现后发逆袭，成为包子第一股，关键在于及时走上了"中央工厂＋冷链配送＋特许加盟制"的这条赛道。

2009 年，巴比食品掌握了适合包子的冷冻面团技术，其商业版图打破了地域的限制，具备了实现工业化的基本条件。冷冻面团技术让每个加盟店制作出口味、外形完全统一的标准化包子，大大降低了成本，提高了配送的效率。

冷冻面团技术的突破，让包子走上了服务领域的工业化之路。

第五节　连锁餐饮进购物中心——过低的成长天花板

美式快餐连锁品牌除了注重食品和服务的一致性，更加注重食品的便携性。立志成为中国麦当劳的西少爷肉夹馍，和麦当劳的食物属性及进食方式非常相似，都是面饼夹肉，西少爷也在强调肉夹馍和汉堡一样具有很高的外带和外卖属性。

西少爷的外带占比是30%，外卖占比是40%，堂食占比是30%，和麦当劳的经营构成十分相似，西少爷公布的平均坪效甚至超过麦当劳、肯德基。但出身的基因决定了他们很难向真正的"下沉市场"大规模复制，这意味着他们将很快遭遇发展瓶颈，难以实现他们成为巨型连锁快餐品牌的梦想。

目前中国最主流的连锁快餐品牌都是首先进入一二线城市的大型购物中心，这种选择的好处显而易见，成熟开发商的选址已经决定了客流。**高客流量给连锁商一种假象，把商业联合体的成功当成了自己的成功，导致其只能在大型购物中心或类似的商业生态中生存，如高端写字楼配套的底商或机场、高铁站，致使它们成长的天花板非常低。**

这种类型的连锁快餐由于要分摊高额租金，因此其消费对象只能是快节奏的商务人士和普通家庭逛街购物时偶然的消费。

它们的问题在于还没有锤炼出真正被市场接受的商业模式，就被投资人成捆的钞票砸晕，选择高成本、高营业额的发展路径。创业餐饮连锁品牌选择进入大型购物中心之后，基本丧失了做下沉市场的可能性。

那些固守互联网平台投资理念的投资人，在这个问题上犯了大错，他们那套针对互联网平台经济投资的打法，和餐饮连锁成长的规律有着天壤之别。互联网平台最重要的特征是技术驱动，而连锁餐饮的特征是管理驱动。技术边际成本递减的特征导致早期快速的高额投入，一定会让企业取得市场先机；但管理的提升是一个更加复杂过程，需要更长时间的沉淀和磨合，早期投资的过分充足会让创始人对自身、企业和市场产生全方位的误判。

所以，从发展的眼光看，真正成为中国麦当劳、肯德基的可能不是目前居于主流地位的"高端"连锁快餐，而是从县域市场发展起来的连锁快餐品牌。一旦它们有能力突破管理瓶颈，先天的基因决定了它们更符合连锁快餐这一商业模式的内在规律。

谁会成为中国的肯德基、麦当劳，现在还没看到，但它肯定已经开张很久了。

第四章
扩展品牌界面，
打造大众品牌

对于打造品牌大家都有自己的套路，老乡鸡利用改名去区域化；霸蛮米粉坚持要把"辣"的品牌特征进行到底；西少爷另辟蹊径，又走上了出口转内销的老路，想利用海外开店制造噱头，带动国内品牌；每逢新店开业，茶颜悦色和喜茶门口的长队，已经成为新茶饮品牌营销的不二法宝。

从某种意义上来说，后来的麦当劳总部就是一个由加盟商出资形成的广告基金+培训中心。八仙过海，各显神通。连锁餐饮打造品牌并无一定之规，但将品牌界面做宽，被更多的消费者接纳是基础，这一点毫无例外。

 第一节　改名！品牌要去地域化

老乡鸡，2020 年之前，安徽以外的消费者很少听说过这家连锁快餐企业。

2020 年春节刚结束，人们正在对疫情发展忧心忡忡的时候，老乡鸡董事长束从轩手撕员工请求削减工资联名信的视频，不管有意无意，在最关键的时候，瞄准了社会心理。紧接着，3 月 18 日"预算 200 元"的土味战略发布会，让老乡鸡成功"出圈"，在社交媒体引发极大热度。

这其实就是一家区域餐饮企业走向全国市场的品牌推广活动，是谋划已久的企业战略，在机缘巧合的事件中释放。老乡鸡又一次出圈是 2023 年 10 月 8 日中午，全国 1000 多家门店邀请消费者来吃老乡鸡的"霸王餐"。为了庆祝品牌成立 20 周年，老乡鸡豪掷 5000 万元推出了包括宴请全国顾客免费吃午饭等在内的一系列福利活动。弘扬了正能量，同时对品牌形象做了一次性价比极高的提升，从中足以显现这是一家深谙营销之道的企业。

很多经过此役才听说老乡鸡的人会惊讶地发现，原来这个品牌已经有 1000 多家直营门店，在中国烹饪协会发布的中国快餐 70 强榜单中，与肯德基、麦当劳、汉堡王同处四强行列，在中式快餐中名列第一。

中国饮食的多样性，决定了在每家餐馆被创办的时候，都有十分明确的地域口味，甚至会延伸到名字上。这种定位方式，能够牢牢抓住口味偏好者的嗅觉和胃。

"老乡鸡"的前身叫"肥西老母鸡"，创始人束从轩正是安徽肥西人。从自己家乡的地方特色美食开始，是众多餐饮创业者的共同起点。束从轩 1982 年从部队转业，拿着 1800 元的积蓄开始养鸡；十年以后，束从轩成为安徽最大的养鸡户。

也是在这一时期，洋快餐进入中国市场。1987 年，肯德基在北京前门开设了中国内地第一家门店，开店当日就爆满；三年后，麦当劳也开设了中国内地第一家门店。

1992 年春天，麦当劳旗舰店在距离天安门不远的王府井大街路口开业。北京的第一家麦当劳快餐厅拥有 700 个座位、28 个点餐台，一举成为全球最大的快餐店。

那年的夏天当笔者第一次踏进这家快餐店的时候，甚至带着惴惴不安的心情，一个巨无霸套餐，花了好几天的工资，但汉堡和就餐环境带来的新鲜感，平复了价格带来的心理疼痛感，临走的时候，笔者甚至带走了印着麦当劳叔叔的餐盘垫纸做纪念。洋快餐为中国消费者带来了前所未有的用餐体验，带来了餐饮行业巨大的变革，快餐业开始兴起。

差不多前后几年的时间，有不少中餐企业亦步亦趋地模仿麦当劳、肯德基，做起了中式快餐，以赶超、挑战麦当劳、肯德基为营销手段。

束从轩看到快餐业的巨大增长空间，决定开饭店把餐饮和他的老行当养殖业结合在一起，同时走连锁快餐之路，以鸡汤为核心产品。2003 年，肥西老母鸡开出了第一家门店。束从轩花了半年时间，自己写了 6 本操作手册，为门店奠定了标准化的雏形。接下来，肥西老母鸡开始在安徽省内进行规模化扩张，在省内的发展速度堪称神奇。

然而，"肥西老母鸡"这个最初凭直觉起的名字，有太强的地域性，和束从轩对品牌的远期规划相矛盾。2012 年，束从轩做了一个无比大胆而又正确的决定：改名。当年 5 月，安徽 100 多家肥西老母鸡的门店在一夜之间改换门头，"老乡鸡"横空出世。

商家换名字，是一个非常冒险的决定，但如果这背后有清晰的战略目标，那就值得一试。束从轩的目标非常明确，他要做全国快餐的第一品牌。在这个目标下，原来的名字就显得地域性过强，五个字也不利于传播。从肥西老母鸡到老乡鸡，是品牌迭代的一个重要里程碑。借着更名，老乡鸡顺势完成了对 100 多家门店的装修升级。最初的装修色调、品牌形象和店内动线，都在不断学习麦当劳，一边装修，一边去麦当劳的店里看，不断返工重装。

除了店面设计，老乡鸡的标准化管理也更加精细，甚至细致到不同区域清洁毛巾的颜色和叠法，这些标准化细则的思想无疑来自于麦当劳。2018 年，老乡鸡第五代店面升级完成。新一代店面已经看不到麦当劳的影响，低亮度的浅灰色与原木色搭配，动线设计也从麦当劳式的纵向排队和"点餐—结账—配餐—取餐"模式，变成横向排队，流水线式取菜，顺着动线到达末端收银。收银台有一个图像识别系统，上面装有摄像头，自动识别菜品并计算价格。

食材、饮食习惯和烹饪方式的不同，决定了中式快餐未必要全盘学习洋快餐的经营管理逻辑，除了标准化这一连锁快餐最核心的运营逻辑，在品牌、管理、营销等各环节，老乡鸡和洋快餐的区别越来越大。

老乡鸡的名字有点"土"，但和食品放在一起会让人联想到绿色原生态，这也是老乡鸡想要留给消费者的印象，店面完全以绿色为主基调，也凸显了这种品牌诉求。也正因为这个"土"，使老乡鸡能够和当下流行的土味营销无缝链接。老乡鸡策划的号称"200 元预算"发布会上，泥巴墙、歪脖子树、大瓷缸、绸布话筒，鸡成群、马乱溜，让人恍若回到了 20 世纪 80 年代。在不到 10 分钟的视频里，束从轩提到了十多个年轻人都知道的网络热门梗，这些东西由将近 60 岁的董事长讲出来，呈现出一种反差萌，效果甚至比年轻人讲还要好。

这种"土"与"年轻"的反差，正是老乡鸡找到的自己最舒适的定位。

和众多中式连锁快餐急于进入大城市创造品牌效应不同，老乡鸡发展神速，先深耕本省，在近一两年才逐步沿长江往上下游发展。这样做的好处是减小物流和管理半径，夯实品牌基础。

经过几十年的碰壁，中式快餐企业大多选择了直营店方式，如老乡鸡这样，不但所有门店全部直营，甚至自己完成所有原料的供应，形成所谓的闭环产业链。直营和自供原料，这两个做法看似完美，同时解决了品牌一致性和物美价廉的问题，但带来的问题却是对全国性的扩张产生了制约。

将一个区域性品牌向全国范围推动，必将经历更加复杂和艰巨的挑战，老乡鸡能否走好这一步，还要时间去证明。

2 第二节 麦当劳抓住了孩子就抓住了未来

作为全球知名企业家和顶流网红的特斯拉 CEO 马斯克，在推特上@了麦当劳。马斯克说："如果麦当劳接受狗狗币作为一种支付方式，我会直播吃一顿开心乐园套餐。"麦当劳当然不会错过任何一个蹭热度的机会，马上回复："除非特斯拉接受鬼脸币。"

"鬼脸"是麦当劳广告中出现的一个紫色动画角色，而"鬼脸币"则是网友恶搞出来的一种模仿鬼脸的虚构加密货币。马斯克和麦当劳这样的顶流互相"勾搭"，自然引发了一波娱乐小高潮，在推特发布之后，已经有十几种以"鬼脸"命名的数字货币诞生。

1979 年，马斯克 8 岁，那一年麦当劳推出了开心乐园餐。这款针对儿童的套餐，会随餐附送一个玩具，这个玩具往往是孩子们最喜欢的动画形象，搜集麦当劳的玩具也就成了每个孩子的乐趣。一头散乱棕色卷发的小丑麦当劳叔叔加上开心乐园餐，成为几代孩子抹不掉的童年记忆。

在麦当劳后来进入每个国家的时候，央求爸爸妈妈带自己去麦当劳吃一顿开心乐园餐，成为当地小朋友的最大愿望。即使在那些麦当劳还没有进入的国家，通过媒体，人们也早就熟悉了麦当劳品牌所承载的一切信息，以至于麦当劳每进入一个新的国家，都会成为那个国家的一件大事。

在相当长的时间里，麦当劳的广告和品牌定位牢牢地抓住了孩子，可以说是儿童广告的集大成者，甚至可以当作儿童生活状态的创意集锦。

有几支我印象特别深的广告，都和开心乐园餐有关。

第一支广告里，一个爸爸带着他的两个熊孩子出门，这两个孩子是真不让人省心，不管在什么地方，都能发出各种响动，这让爸爸非常尴尬。最后，他把他们带到了麦当劳吃开心乐园餐，两个孩子像变了人一样，成了又开心又温顺的宝宝。

第二支广告的主角是一个小男孩，他拿着开心乐园餐的薯条在公园的长椅上享用，每次吃的时候都有一些大孩子骑自行车过来跟他要，甚至抢走他心爱的薯条。实在没办法，他想了一个妙招。又一次在他吃薯条的时候，这帮家伙过来了，只见他拿一个汉堡王的袋子遮住薯条，结果这些大孩子一看见汉堡王就没了兴趣，骑车走了。男孩把汉堡王的袋子一抽开，露出的还是麦当劳的开心乐园餐。

第三支广告更写意一些，是 2019 年为了纪念开心乐园餐推出 40 年而制作发布的。表现的是一个男孩拿着麦当劳开心乐园餐的硬壳纸袋一路玩耍，他去捡任何喜欢的东西放进纸袋，森林中的果实，体育课的成绩单，生日派对上的那些纸屑，还有小石块。其实表达的就是用这个开心乐园餐的纸袋，搜集了他童年的所有快乐。

自从接手麦当劳，雷·克洛克就对广告持有非常开明甚至激进的态度，在他刚刚买下麦当劳，还债务缠身的时候，就和一家广告公司签订了合约，每月支付 500 美元。此举虽然遭到了合伙人的反对，但他还是这么做了。

40 多年来，麦当劳一直坚持让孩子们在每次打开红色餐盒的瞬间，能收获不同的惊喜，从芭比娃娃到天线宝宝、从变形金刚到凯蒂猫、从哆啦A梦到小黄人，几乎所有当红 IP 中的形象都会以最快的速度出现在开心乐园套餐中。开心乐园餐里的卡通形象让孩子们变成了麦当劳的狂热粉丝，为了搜集这些他们所喜爱的卡通人物玩具，孩子往往不断要求家长带自己去麦当劳。

在美国，有 40% 的 2 岁到 11 岁的儿童，要求父母每周至少带他们去一次麦当劳。把玩具和孩子联系在一起，培养了儿童对麦当劳的依恋感。为了研究什么样的玩具更受孩子们欢迎，麦当劳会做各种深入的研究，并且到孩子们中间听取他们的意见。

麦当劳的品牌构建围绕儿童展开，是从 20 世纪 60 年代中期开始的。1966 年是麦当劳发展史上最重要的时刻，那一年 7 月，麦当劳以 2 亿美元的销售额再次破了自己的月销售纪录，同时开设了第一家可以堂食的餐厅。带着如此诱人的业绩，麦当劳上市了。

众所周知，麦当劳早期是围绕公路为司机和路人服务的"得来迎"路边汉堡售卖亭，现在成为快餐厅。从热食售卖到快餐厅，麦当劳的商业模式发生了根本性的变化。在"得来迎"时期，麦当劳品牌更多地传播快捷、干净、量足、美味，广告也做得中规中矩，主要是路边的户外广告，发布各种美食图片。

从路边的热食零售到城市中心的快餐厅，麦当劳的消费人群及其对餐食的要求都发生了巨大的变化。雷克洛克很快意识到这种变化的重要意义，他发现大量中产乃至普通劳动者家的孩子，平时根本没有进餐厅吃饭的机会，下饭馆对他们是一种奢侈消费，而快餐低廉的价格会吸引众多家长带着孩子一起来。**抓住孩子也就抓住了大人，抓住孩子也就抓住了未来。从此时起，在长达 50 多年的时间里，儿童都是麦当劳品牌营销的着力点。**

为了庆祝上市，雷·克洛克决定要参加纽约的感恩节大游行，他们包装了一个麦当劳全美高中乐团参加游行。在这次游行中，一位马戏团的小丑和高中管乐团的孩子们一起露面，上了全国的电视节目，人们都注意到了这个小丑，营销大师雷·克洛克当然第一个察觉到这个小丑的巨大价值。这个后来被称为"麦当劳叔叔"的拉脱维亚人名叫波拉科夫斯，继承父亲的衣钵在马戏团扮演小丑。小丑迅速被麦当劳签约，麦当劳叔叔就这么诞生了。1967

年，麦当劳公司任命麦当劳叔叔为公司正式的"代言者"，麦当劳叔叔很快就家喻户晓，成为与圣诞老人齐名的儿童偶像。

在后来麦当劳国际化的过程中，麦当劳叔叔的小丑形象在各种文化中毫无违和感，不需要任何解释推广，所有国家的儿童都会在第一时间喜欢上这个滑稽的小丑。

每进入一个新的国家，孩子都是麦当劳最早的广告促销对象。在所有年龄段的群体中，儿童是最不依恋传统口味的消费群体，他们对任何新鲜的食品都乐于尝试。因此，不管是在柏林、比勒陀利亚、莫斯科还是北京，任何一个孩子都很容易接受麦当劳。一位美国记者在北京的一所小学里做过一次调查，发现所有的孩子都认得麦当劳叔叔。

更为重要的是，麦当劳始于 20 世纪 60 年代的儿童策略，对后来的发展起到了决定性的作用，那些孩童时留下的味觉记忆将伴随人的一生。很多人成年后即使内心觉得麦当劳不是健康的饮食，但还是禁不住时常去吃上一顿，当然会带着孩子们一起去。这样的循环在美国已经持续了 50 多年，跨越了三、四代人的童年和成年，马斯克显然就是其中的一员。

中国的餐饮企业也在学习麦当劳的这个做法，这两年西贝就推出宝贝餐，大力推广。西贝的客户群 45% 都是家庭消费，尤其到了周末，这个比例更高。其实，从经营的角度，推出儿童餐对餐厅来说是一个费力甚至不划算的事情。做儿童餐和针对儿童的营销必须长期坚持，才能取得效果。

推销员出身的雷·克洛克是一个经营奇才，更是一个营销大师，在他以连锁代理的身份从麦当劳兄弟那里买下麦当劳之后，构建麦当劳的品牌体系就成了他最重要的工作。**从某种意义上来说，后来的麦当劳总部就是一个由加盟商出资形成的广告基金 + 培训中心。**

标准和产品早就打造出来了，一般也不需要大的变化，麦当劳总部所做的最重要的工作，除了加盟商培训就是品牌的建立和迭代。麦当劳的广告基金要求所有的持牌加盟商要将每个月总销售额的1%贡献出来，总部对这部分基金统一使用，这笔钱奠定了麦当劳广告界创意天花板的位置。

3　第三节　门店就是最大的广告牌

2014年春天，临近毕业的北京大学法学院研究生张天一决定做一直想做但还没来得及做的事，他想开个小店，体验一下和学生完全不同的生活状态。他的计划是搞三个月就收摊，没想到的是，他正好碰到大众创业、万众创新的时代。

嗅觉灵敏的张天一隐约觉得自己可能无意间碰到了一个大风口，他开始向学校和海淀区的有关部门打听大学生创业的扶持政策，而此时政府也在寻找大学生创业的典型案例，刚开张没多久的伏牛堂米粉店顺理成章地成为样板，政府相关部门和媒体蜂拥而至，一夜之间，张天一火了。

北大硕士卖米粉，这样的故事既符合主流媒体典型事件、典型人物的选题宗旨，又符合互联网求新求异的传播特性，焉能不火？随之而来的是踏破门槛的投资人，连商业计划书还没有，第一笔投资就敲定了，这个时候张天一开始认真考虑是否要彻底改写自己的职业规划。**在中国，任何人研究餐饮都会得出一个完全相同的结论，那就是，这是一个无限可能的天量市场。**

张天一首先找到几个餐饮上市公司的年报，他发现中国餐饮上市的很少，形成强势品牌的更是没几个。对标麦当劳起家时代背景的研究，很容易对中国连锁餐饮的未来建立起强大的信心。餐饮行业规模够大，行业集中度太低，这为中国快餐行业的发展提供了无比广阔的市场空间。**中国巨大的人口基数**

和市场容量，很容易让这些创新的商业模式，通过简单的计算就能得出资本市场最受追捧的盈利前景。

笔者第一次见到张天一，是在 2015 年冬天的一次有关青年创业的研讨会上。晚到的张天一迅速脱掉外衣，露出里面穿的黑色 T 恤，背后印着"霸蛮"两个白字，和店里的服务员同款。在天气很冷的冬日，这个举动暴露出他有十分强烈的品牌意识。张天一无时无刻不在传播自己的品牌符号的做派，似乎和这两个字的内涵有某种契合。

之后，在 CBD 一座写字楼的地下，我和同事费了好大工夫才在一个位置欠佳的拐角找到了这家传说中的创业明星店，在拥挤嘈杂的环境中吃完一碗飘了一层厚厚红油的米粉，我被辣得头皮发麻、浑身冒汗。老实说，对我而言，这不是一次愉快的用餐体验，我的年轻同事说，人家本来也不是吸引你这样的客户来吃的。

建立品牌的第一步是产品定位。虽然创业从米粉开始，但米粉是不是一个合适的连锁快餐产品呢？张天一研究了粉、面、粥、饺子、火锅、包子、肉夹馍等快餐品类，认定中餐标准化难度大，要做好必须聚焦到一个单品上。米粉是南方非常普遍的食品，容易标准化，又没有成熟品牌，是一个理想的快餐单品。

张天一做的是湖南常德米粉，地域性很强。我提问为什么你的米粉要做得那么辣？为什么要坚持地方口味？张天一显然认真思考过这个问题。他认为吃东西尤其是快餐，品类不一定是最重要的，味觉记忆反而更重要。比如今天晚上我要吃饭，先想吃什么味道，之后才是品类的选项，最后再去挑品牌，是这样一个思考路径。所以在"吃"这件事上，最大的流量通路永远是谁占据一个味道。

强调来自湖南，就等于占住了"辣"的味道。另外，他当时专门研究过，味型偏好跟 GDP 是有关系的，基本上 GDP 在 8000～15000 美元的时候，"辣"这个味型是最受欢迎的，15000 美元再往上就要清淡了，这跟压力、节奏、环境有一定关系。我们目前这个阶段，"辣"就会成为主流味型，所以霸蛮米粉的品牌定位一定要强调是来自湖南的辣。

霸蛮米粉收入是七三开，70% 的收入来自外卖和方便包装米粉，30% 的收入来自于堂食。但品牌的底盘还是门店，门店最大的作用就是塑造品牌。在张天一看来，对一家餐饮企业而言，排队就是最好的品牌形象，所以你的店不能开得那么快，要保持排队；同时，门店除了作为品牌支撑之外，也是流量来源。现在线下门店 90% 的顾客用小程序点餐，每天新增的流量十分稳定。把线下用户数据化之后，这些流量会带来总营业额 70% 的收入，这其实是一种商业模式的创新和迭代。

创业初期，霸蛮米粉坚持地方特色可能是对的，但这和创始人打造中国麦当劳的目标并不合拍。想做大，去地域化这一步早晚都得走。

第四节 "定位理论"容易让企业早衰

随着喜茶、奈雪的茶、蜜雪冰城、茶颜悦色、书亦烧仙草等所谓新茶饮占据街头和财经媒体的版面，早年的奶茶界前辈香飘飘似乎早已远离了人们的视野，没想到突然回归上了热搜，起因竟是巨额亏损的年报。

把奶茶这个词带到主流媒体广告位的正是香飘飘，常用的广告语是："香飘飘奶茶一年卖出三亿多杯，能环绕地球一圈，连续七年，全国销量领先。"2017 年，香飘飘成功登陆上交所，成为"奶茶第一股"。

香飘飘是所谓"定位"品牌理论的受益者，是"特劳特定位理论"的坚定信奉者。2005 年，香飘飘推出了冲泡式奶茶。据说仅用了一年，销售额翻了十几倍，之后引进了特劳特公司为其进行战略定位。

定位理论主张品类即品牌，通过打造品牌的差异化，运用大量的广告让品牌占领消费者心智，最终实现提到奶茶脑中直接跳出香飘飘三个字，这和香飘飘无意中践行的品牌策略高度合拍。香飘飘按照定位理论果然在消费者中占据了奶茶这个品类的"心智"，香飘飘就是奶茶，奶茶就是香飘飘，成了市场共识。王老吉和加多宝是定位理论更有名的成功案例，它们建立了凉茶这个品类，将其定位为预防上火的饮料，曾经火遍大江南北。

定位理论是两位美国人艾·里斯和杰克·特劳特在 20 世纪 70 年代提出的营销理论。定位理论认为品牌需要在用户心智中做到与众不同，在用户心智阶梯中占据最有利位置，使品牌成为某种品类的代表，当用户产生相关需求时，便会将该品牌作为首选。

任何理论都有其诞生的时代背景，也自然有其局限性。从第二次世界大战结束到1970 年，这 25 年是美国历史上发展最好的一个阶段。在这一时期美国全面从大萧条的阴影中走了出来，全方位进入工业化后期，消费成为拉动经济发展的辕马，中产阶级大量产生，从蓝领工人到餐厅厨师、从卡车司机到医院护士、从房产经纪人到管道修理工都成为中等收入阶层，整个社会进入了所谓的"丰裕社会"。

在这一背景下，大量满足普通中产人士的商品和商业模式迅猛发展，也自然成就了包括麦当劳、肯德基、沃尔玛、塔吉特、开市客、拉夫劳伦、蔻驰、耐克等消费类公司，它们迅速崛起壮大，占据主流市场。

此时小企业要想出头，很难在主流消费领域和大企业硬碰硬，要想活下来，必须在夹缝中求生存。在大企业尚未涉足的领域建立起一个新的品类，并且把这个品类和自己的品牌牢牢绑定在一起，即使大企业发现机会再想进入的时候，也因为在消费者心智中建立了品类和品牌的高度捆绑，从而成为品牌的"护城河"。企业聚焦于抢占市场空白和争夺渠道资源，而不在主战场上和大企业硬碰硬。

从消费者角度讲，由于消费领域里的大企业发展迅速，主要消费品领域都被少量的几个大品牌覆盖，这让部分消费者感到厌倦，他们希望能够有更丰富的产品和品牌进入市场。此时，依据定位理论，在缝隙市场里成长的小品牌，满足了消费者多样性的需求。

在一个高度集中、大企业已经占据大部分份额的市场，要想生存，只能是另辟蹊径，这是定位理论产生的时代背景。定位理论被众多企业所迷恋的原因在于，不管市场到底是被少量大企业瓜分，还是处于野蛮生长、群雄逐鹿的阶段，找到一个别人尚未涉足的品类发力，永远是一个适合企业早期创业的模式。但企业发展到一定阶段以后，所谓的定位理论就可能为发展埋下地雷，或者使企业长成侏儒。所以我们会发现，大量类似香飘飘和加多宝的曾经在定位理论照耀下大步前进的企业都后劲不足，出现早衰症状。

定位理论的第一个大前提是：在消费者心智中，只能存在第一、第二的心智认知。这样的说法只是个拍脑袋的假设，实际上，由于对信息的密集接触，大多数消费者能够接触或者记住更多个品牌，甚至他们会特意避开品类中第一、第二的品牌，而去不断了解更多的其他品牌。

定位理论很容易让企业患上品牌依赖症。在找准定位，凭借广告和传播迅速出圈之后，企业很难再下决心改变品牌的调性和传播方式，很容易产生对广告和营销的依赖，对产品的更新和迭代不再关心，对新产品的研发投入不够，对市场发生的变化不敏感，对消费者习惯的偏移不重视，掉入故步自封的陷阱里。

另外，企业找到的可能是"伪品类"。定位理论为了强化品类的概念，实际上会生造出一些品类，欺骗企业成为这一品类自然的开拓者与引领者。比如香飘飘创造了冲泡杯奶茶这个品类，加多宝创造了凉茶这个品类等，但这些品类可能是阶段性的，因为消费者的好奇心而诞生的，一旦有新的"品类"出现，原来精心打造的品类就露出了"伪品类"的真实面目。

定位理论诞生在美国 20 世纪 70 年代，当时消费者形成了对大企业过度发展、产品同质化的反感，因而对产品多样化、差异化有更多的需求。这一背景在中国也是存在的，但目前并不是市场主流。在中国消费市场，无论是产品还是服务品牌，远没有达到大品牌覆盖一切的程度，绝大多数消费领域还处于经营者高度分散的时代。

5　第五节　消费品品牌："同质化"而非"个性化"

在日本 7-11 之父铃木敏文看来，20 世纪七八十年代日本的消费形态并非趋向多样化，反倒具有非常明显的同质化的特点。在当时，日本主流舆论都认为多样化是当今消费形态的特点，在崇尚个性的时代，只有为消费者量身定制的产品才有销路，但在身处零售第一线与消费者近距离接触的铃木眼中却不是这样。

在他看来，之所以让大家产生消费个性化的印象，原因是产品的生命周期正在不断缩短，新品每天层出不穷。看到迅速更新换代的产品，会让人误以为消费者的需求急剧多样化。然而，稍作观察就可以发现，人气总是聚集在某些种类上，无论哪种类型或收入的消费者，大都选择差不多的商品。

现阶段在中国主流消费市场上打拼的企业，在主流市场里凭借管理水平的提高不断降低成本，通过竞争发展自己，是更符合长期主义内涵的发展方式。轻易进入定位理论的窠臼，很可能学来的是品牌打造的奇技淫巧，而丢了吃苦耐劳的看家本领。

对大多数中国消费者来说，在日常消费领域，找到真正物美价廉、值得信任、具有高度性价比的大路货品牌，才是更现实、更普遍的要求，这种要求也会落实到日常的消费行为上。总之，中国消费者正处在"同质化"消费需求甚于"个性化"消费的时代。

6　第六节　做品牌是为了获得溢价？错误观念误导中国企业几十年

在中国，品牌专家和机构一直向企业灌输这样一个观念——打造品牌是为了获得高溢价。很多企业家也不假思索地接受了这样的观念，并以此作为企业品牌发展的目标，这种理念支撑着无数中国企业迅速崛起又快速消亡。

打造品牌为了获得溢价的情况是存在的，那就是奢侈品品牌。而奢侈品品牌的建立需要长时间的历史积累和天然禀赋，是很难复制的。但为什么这样的观念会成为从学界到企业界笃信的教条？这可能和中国经济发展的进程相关。

大量的国外品牌进入中国市场，都是以远远高于国产同类产品的价格出售。20世纪90年代初期，一双耐克鞋可以花掉一个人两个月的工资，去一次麦当劳可以花掉一个星期的饭钱，因此外国品牌可以获得高溢价的印象深入人心。

但实际上，在这些国外品牌的原产国，那些全球最知名品牌不是因为卖得更贵，而是因为卖得便宜，因而获得了更大的市场占有率。

这些企业早就洞悉了建立品牌的根本目的——不是为获得溢价，而是为占有市场。**对于绝大多数企业来说，不断通过更低廉的价格获取更大市场的占有率，才是企业发展壮大的王道。**

企业在创业初期，为了占有利基市场，强化自己品牌的特性，这显然也是一条正确的道路；但是如果企业已经度过了创业期，进入发展阶段，还把产品特色作为品牌传播的主要方向，就是在主动缩小自己的产品市场，为之后获得更大的市场占有率设置了障碍。**对于那些不想或者不能成长为行业主流品牌的企业，坚守某个细分市场也是一种选择，但显然那是一种为了生存的无奈选择，而不是策略选择。**

工业化催生的现代城市消费模式，促使大众品牌快速成长。 20 世纪 40 年代，以麦当劳模式为榜样，肯德基、必胜客、汉堡王等快餐品牌相继建立，美国标准化廉价快餐连锁产业迅速成长。快餐的出现，让美国普通老百姓可以经常下饭馆。

中产阶级对运动休闲生活的重视，促使新兴大众服装品牌的诞生，1962 年诞生的耐克、1968 年诞生的拉夫劳伦和 1969 年诞生的 GAP，这些服装品牌让大众以极为低廉的价格享受有品质的生活。以耐克为例，20 世纪 70 年代初，慢跑运动在美国逐渐兴盛，数百万人开始穿运动鞋，认为穿运动鞋是年轻健康的象征。在巨大市场需求的推动下，耐克在创建之后的短短十年间，一跃成为美国最大的鞋业公司。耐克通过将生产工厂放在亚洲，极大地压缩了制鞋成本，让每一个美国高中生都可以轻易获得质量很好的跑鞋。

从 1940 年到 2010 年，无论男性、女性还是儿童的服装消费都发生了变化，原因之一就是服装的价格相对大幅下降，服装消费支出占名义总消费支出的比重，从 1940 年的 10.1% 降到了 2013 年的 3.1%。

在多个世界品牌排行榜中，美国品牌占据了全球顶尖品牌 50% 的席位，但在这些品牌中，几乎没有奢侈品品牌。纵观全球，大部分美国消费品品牌都是物美价廉的代名词，美国品牌从来都不是靠所谓品牌溢价发展壮大的，而是靠不断扩大市场占有率，让市场占有率成为品牌最核心的背书。

第七节　品牌来自效率

20世纪40年代，美国企业开始引领世界消费产业，廉价产品迅速占领了欧洲企业原来的市场，也带动了美国广告业的快速兴起。快速消费品的利润在很大程度上取决于市场规模，信息必须快速传达，必须让所有民众知道，因此企业对广告进行巨额投入，此举极大地刺激了广告业的发展。20世纪50年代，品牌概念正式进入学术领域。

20世纪60年代，著名的美国麦迪逊大街成为广告巨头云集的圣地，促使广告业创意革命爆发，心理学家以及社会科学的研究方法被用来分析消费者的决策原因和过程，理论的发展和广告创意推动了美国大众品牌在全世界的流行。

也是在20世纪60年代，跨国公司开始迅猛发展，借助美元体系，跨国公司成为推动世界资源配置、资金流动、信息传播的全球化推手，美国产品以其低廉的价格迅速进入全球市场，市场占有率不断提高。1957—1969年，美国45家营业额在30亿美元以上的大型跨国公司，40%以上的利润来自国外。跨国公司所有的这些海外扩张，其目的就是扩大其市场份额，通过扩大市场份额，美国打破了其他国家的商业壁垒。

以品牌全球化为标志，美国品牌形象成为美国国家形象的缩影之一，甚至成为美国先进生产力的图腾。比如耐克策划的"只管去做"（just do it）的口号，受到了全世界年轻人的欢迎，至今充满强烈的感染力。美国产品以其相对低廉的价格，占有了全球市场。

美国产品的低廉价格，来自于效率的全面提升。美国企业最早提出了快速消费品的概念，宝洁在 1931 年提出的品牌经理制在美国大型企业盛行起来，产品的研发、生产、营销在品牌理念的统筹之下更为高效协调。为了更好地推进品牌在全国和海外市场的销售，美国从 20 世纪 60 年代开始出现企业形象规范化运动，用标准化的视觉符号来展现统一的品牌世界。麦当劳的金色拱门、可口可乐的线瓶和飘带、肯德基老爷爷，这样的标志出现在全世界各地的街头。这种被称为企业识别体系的管理模式，成为大企业整合海外品牌形象的利器。

美国大众消费品牌在全世界的流行基于技术创新、管理创新和文化创新三个方面的共同努力，品牌的最终成功还取决于品牌内在的驱动力和核心竞争力，以及能否顺应国家迅猛的工业化进程、锻造企业的核心技术竞争力，能否让价格变得更低，能否让效率提得更高，能否在全世界获得更大的市场，能否敏锐地感知人们消费需求的变化与趋势，创造新的生活方式和文化内涵。

世界著名品牌的出现，首先依赖于先进生产力基础上的社会分工与技术进步，产品才能够被大批生产。所以品牌真正的意义在于不断扩大市场，要有广阔的市场来接纳品牌，形成品牌认知和品牌联想，扩大品牌的知名度。**大市场是产生大品牌的土壤，大品牌是大市场发展的结果。**

在建立品牌就是为了获得溢价的观念指引下，中国企业试图通过各种虚虚实实的方式来迅速建立品牌，通过对产品独特性能和特征的提炼，通过广告的狂轰滥炸，在短时间内获得了营销上的成功。但这种成功，宛如建立在沙滩上的楼房，在达到一定高度后会轰然倒塌。

过去的几十年，那些试图通过让自己的产品卖得更贵来获得所谓品牌溢价的企业，大多都遭到了市场的无情淘汰；而那些跳出这一品牌陷阱的企业，通过不断提高自己的劳动生产效率，让自己的产品越来越大众化、越来越便宜，现在正成为中国品牌的中坚力量。例如在汽车领域的比亚迪、吉利、五菱，家电领域的美的，运动服装领域的安踏等。

那些不太强的品牌，不是不想卖便宜的东西，而是做不到。把产品的价格降下来，企业才具备真正的竞争力。

第五章

场景：卖产品，
更卖故事和氛围

星巴克总裁霍华德·舒尔茨说过，只要咖啡的口味不太差，消费者都能够接受。不同产地茶叶和咖啡的微妙口感，可能只有开发者品得出来，但是消费者提前知晓了，感受就会不同。喜茶也深谙这一道理，与其说它卖的是口味，不如说它卖的是年轻人喜爱的故事和氛围。

在大部分人的印象里，星巴克从来就是一家咖啡连锁店，其实星巴克的发展经历了三个阶段：早期的业务是烘焙咖啡豆的零售，后来主要是店内自提，最后才是现在的"第三空间"。

服务业迭代，故事和场景比产品更重要。

 第一节　排长队，买的是仪式感

有人说，在喜茶排队的人是花钱雇来的，通过营造虚假销售的盛况，引发进一步的"打卡"热潮，茶颜悦色把这种排队模式推向高潮，有媒体甚至给出了排一次队的价格。但我还是将信将疑，我认真观察过一家北京的喜茶店排队的现象，没有发现雇人排队的迹象。

在大悦城喜茶店的柜台内，最多的时候居然有 15 个员工在同时忙碌着，让操作间显得十分拥挤，也营造出生意十分火爆的氛围。同样面积的店，星巴克通常只有 3~5 个员工。

可以说喜茶门店更像一个生产车间的流水线，每个员工在自己固定的位置，分别负责下单、贴杯、制茶、铲冰、打杯、挂泡、加奶盖、出杯等步骤，完成自己的工序后，再传递到下一个工位。每一杯茶的制作至少需要几分钟的时间，有的会更长。复杂的制作过程，让等待一杯奶茶的时间有可能在 40 分钟以上。在此之前，从来没有人这样做一杯茶饮。

这种颇具仪式感的、热火朝天的制作过程呈现在消费者眼前，让一杯茶有了更丰富的内涵，喜茶通过种种策略，在有些"高龄"的传统茶饮之外，创造了另一种年轻化的味道。

2012 年，喜茶诞生于广东江门的一条小巷里。创始人聂云宸是一位 90 后，之前开过手机店。后来，他看到一条街上都是用奶茶粉末、水果味粉末等冲出来的奶茶居然卖得很好，萌生出改行的念头。茶虽然是中国最普及的饮品，和咖啡同样有提神的作用，但大多数年轻人尤其是女孩很少有喝茶的习惯。喜茶用一种场景化的方式，把喝茶变成了"新茶饮"，嵌入了年轻人的生活。

精心挑选的茶叶、芝士和水果，复杂的制作过程，多样化的独特口感，全新的消费场景，实现了茶饮方式的迭代，也形成了喜茶品牌的底色。喜茶店面选址基本集中在租金昂贵的繁华商圈，设计上注重对氛围的打造和文化的渲染，标准店是以白灰为主导的北欧简约风格，同时还有炫酷的黑金风，充满少女感的粉色主题，一店一设计，无论空间体验还是产品细节，都满足年轻人爱拍照分享的社交心理，它的目标客户群体是更加年轻的白领，尤其是女性。

喜茶的品牌传播牢牢抓住了这一点。喝过喜茶的人，应该都会对杯子上那个线条勾勒的小人有印象，设计简洁清爽，又富有童趣，很符合现在年轻人的审美偏好，该设计的原型来自日本著名插画师。延续 Logo 的风格，喜茶的品牌宣传也常使用插画手绘来表达茶饮乐趣，这些图大都清新可爱。在茶饮之外，它还推出了许多周边设计，渗透年轻化、个性化的品牌理念，同时，和许多生活品牌进行跨界合作，推出联名款，包括经典国货百雀羚，段子手杜蕾斯，以及耐克、W 酒店、Benefit 这样的生活品牌。在年轻消费者的热门话题里，永远有喜茶的一席之地。

作为饮品，喜茶价格适中，采取的是"第三空间"加外带模式，让坪效变得极高。至少在目前看来，喜茶具备了一个连锁餐饮品牌健康发展的基本商业逻辑。

但作为一家被贴上"网红"标签的饮品店，喜茶仍然没有完全解决一些商业逻辑的常识问题。在众多的排队消费者中，相当大的部分是慕名而来的"打卡"者，他们是否可以转化成品牌的忠实粉丝还很难说。这些蜂拥而来尝鲜的粉丝，让喜茶精心打造的店面经常处于吵吵嚷嚷之中。这种吵吵嚷嚷平摊了高额的店面租金和员工工资，可也削弱了店内空间的价值。

随着店面数量的增多，纯尝鲜的消费者数量的减少，以年轻人为主的消费者能否长期承担不算低的价格就会成为问题。在从"网红"店向品牌店过渡的过程中，喜茶仍然需要重新进行一次品牌迭代，它需要在快速获得成功的同时，让品牌价值沉淀下来，也就是其创始人所说的形成"品牌势能"。

2 第二节 从零售商到咖啡馆，场景比产品重要

1971 年，第一家星巴克在西雅图建立了。笔者去西雅图的时候，特地去拜访了这家老店。在著名的派克市场的旁边，百十来平方米的老店里大体按

照原来的样子布置，墙上挂满了用来装咖啡豆的粗布袋子，屋子里弥漫着星巴克标志性的咖啡豆香气。也许是心理因素，笔者甚至觉得可以分辨出这种味道的年代感。

初创时的星巴克还是一家主要卖烘焙咖啡豆的小店，当然，顾客买完后，可以在这里喝上一杯用新烘焙的咖啡豆现磨的咖啡。

1982 年，一家家居公司的销售经理霍华德·舒尔茨举家从纽约搬到西雅图，加入星巴克。加入星巴克以后，霍华德因为咖啡豆生意去了一趟意大利，这次出差诱发了后来星巴克商业模式的灵感。霍华德第一次见识了布满城市街头的意式咖啡店，他被意式咖啡现场制作的过程和咖啡店里人与人之间那种轻松交流的氛围所打动，决心把这种喝咖啡的体验带回美国。在此之前，美国老百姓虽然已经有了上百年喝咖啡的习惯，但主要消费场景是餐后喝一杯提神，很少有专门的咖啡馆。

而在米兰，咖啡馆在街头巷尾无处不在。每天早晨，几乎每条街道上都飘着浓浓的咖啡香气。早晨在去往公司的路上，来一杯小小的意式浓缩咖啡，把自己从懵懂中唤醒；工间可以和两三位同事从写字楼里出来，要一杯拿铁边晒太阳边聊天；下班可以和朋友约在某处街角的咖啡店见面，来得早就要上一杯咖啡，没人会因为朋友迟到而焦躁。

在米兰，喝咖啡已经深入每个人的日常之中，成为生活中离不开的场所。霍华德激动不已，下决心一定要把这种咖啡文化带回美国。回国之后，他力主把星巴克的咖啡售卖店改成真正的咖啡馆，但几位创始人兴趣不大。

直到霍华德·舒尔茨在几年后买下星巴克，他的愿望终于得以实现。 在星巴克后来的商业模式中，作为服务业态的咖啡馆取代原来作为零售业态的咖啡豆销售店，虽然叫一样的名字、用同样的 Logo、采用同样的装修风格，但从零售模式到餐饮模式的变化，让星巴克不再是原来的星巴克。

场景的重要性超过了产品，霍华德清楚地意识到了这一点。 接手星巴克后，霍华德在环境的打造上费了相当大的心血，他特意将咖啡机放在大堂最显眼的地方，这样做的目的是让顾客可以近距离地看到咖啡师操作的全过程，让柜台里像是一个表演制作咖啡的小剧场。

而之前，几乎所有的咖啡店都把咖啡机放在远离顾客的地方，在传统的理念里，只让顾客看到他要的产品就好，最好不要让他看到产品的生产过程。现在，中国的新式茶饮企业显然都注意到了这一点，着装齐整的店员在顾客眼前忙忙碌碌的身影，都成了客户体验的一部分。

3 第三节 "第三空间"：环境比口味更重要

1989 年，一位名叫奥登伯格的社会学教授出版了《绝好的地方》一书，他的理论认为现代社会的人们需要非正式的公开场所，可以用来放松聊天，德国的啤酒花园、英国的小酒吧、意大利和法国人的咖啡馆都承担了这种功能，在家庭和职场之外的第三空间，正在越来越被社会所需要。第三空间的概念打动了霍华德，开启了星巴克经营和品牌叙事的转型之路，他紧紧抓住了"第三空间"的概念，把社会学家的理论变成自己公司的经营信条。

星巴克的经营思路开始迅速向"第三空间"转型，之后开设的店面，增加了营业面积，增设了更多的桌椅，店面的内部装修和陈设乃至味道、音乐所营造的舒适度，成为星巴克开店时最看中的要素。

星巴克的发展经历了三个阶段：早期的业务是烘焙咖啡豆的零售，后来把店内自提咖啡饮品业务放在了更重要的位置，类似于现在的瑞幸，最后才是现在的"第三空间"模式。

对于职场白领来说，用一杯咖啡开启新的一天或者用一杯咖啡驱赶午后的疲乏，这种功能显然可以成为一种持续的商业模式，但星巴克在后来还是向着建立更高护城河的方向前进。

曾经有一段时间，为了提高坪效，从肯德基、麦当劳挖来的星巴克高管们，把做快餐的那套理念带了过来，在门店设计的理念上就是为了不让客人在店里待得太久。一些店的装修更像是快餐店，墙壁使用十分明亮欢快的色彩，顾客只能坐在一种被称为"8分钟坐凳"的塑料凳子上。这种小凳子很高，坐上去没有地方放脚，双腿只能悬空着，坐上8分钟就会发麻。这种安排的本意就是提高客容量，让顾客买一杯咖啡后赶紧走人。

接受"第三空间"的理念之后，星巴克重新进行了客户调查，发现那些捧着一杯咖啡到处走的姑娘们，大多数根本分不出不同咖啡店调制咖啡的口感和酸度，只要不是太难喝，谁家的咖啡对她们来说都差不多。比起咖啡的味道，舒适的环境对她们更重要。

霍华德认为咖啡店里不能像酒吧那样有电视，这将干扰顾客品尝咖啡的感受或者交谈的情绪。在当时，几乎所有营业场所都会放置电视，方便人们及时获得资讯或者观看体育、娱乐节目，没有电视的店面不可想象。曾经有电视网看上了星巴克这样一个聚集人气的场所，提出付费让星巴克安装电视，播放节目，霍华德果断拒绝了这个建议。

在装修材料上，霍华德否决了塑料、玻璃、不锈钢这类易清洁的材料，而是更多选择木料和石材。还有店里的音乐，要根据不同的时间有所变化，音乐播放的音响系统也要有足够的档次，负责的店员要随时根据店里的营业情况调节音量大小和曲目。对店堂里播放的音乐，星巴克可谓下了血本，甚至收购了一家唱片公司。

传统社会亲朋好友的聊天更多在住宅、餐厅、酒吧进行，而社会经济结构的变化带来了就业方式的变化，给商业带来了新机会。在 20 世纪 50 年代，美国约有一半的人从事服务业，30% 的人从事制造业，20% 的人从事农业；到了 20 世纪 90 年代，制造业的从业人数降到 15%，农业人口降到 5%，80%的人从事服务业。这种转型带来就业方式的极大改变，大多数人离开制造业工厂，转向了城市中的写字楼。

紧张但自由度更高的工作，让人们有更强的需求找一个地方坐下来，聊天、看书或者工作，笔记本电脑的出现让这种行为变得非常普遍；收入的普遍增加也是这种休闲方式更加普及的原因，毕竟每天去一次咖啡馆，将多产生几美元的支出，而这种支出在过去看来并非必需，但现在第三空间成为白领们的刚需。

当"第三空间"的理念在霍华德的精心实践中，逐渐清晰呈现后，星巴克迎来了成长的真正高潮期。1995 年星巴克的店面数量一下子增加了 250 家，第二年增加了 400 家，再往后一年是 600 家，2000 年开到了 3500 家。如果没有向"第三空间"这次决定性的转型，就不会有现在的星巴克。

第四节　找回气味，星巴克才活到了现在

作为咖啡烘焙机的销售经理，霍华德第一次到星巴克店里拜访的时候，就被咖啡店浓浓的香气吸引。后来，这种香气一直是星巴克最具识别意义的标志。**星巴克店里的咖啡香气是吸引顾客的另外一个撒手锏，霍华德提出的原则是，哪怕有利润再高的食品，如果味道影响了咖啡的香气都要请出去。对很多资深星巴克迷来说，闻到咖啡香气是他们来这里最重要的理由。**

创业成功、财富自由、享受生活，几乎每个企业家在创业时都有这样的

梦想，霍华德·舒尔茨也不能免俗。2000 年，星巴克的发展顺风顺水，影响力如日中天，世界咖啡第一品牌的江湖位置已经无可撼动，创业 30 年的霍华德终于觉得自己可以歇歇了。

他挑选在公司已任职 10 年的奥林·史密斯接替了自己的 CEO 职务。到 2004 年，得益于店面数量的上升，星巴克营收增长率一直保持稳定正增长。2004 年底，星巴克营收最高增长到 50 亿美元，总门店数达到近 9000 家，净利润增速更是超过营收增速。可谓一骑绝尘，坐稳了全球第一大咖啡馆品牌的位置。

奥林果然没有辜负霍华德的栽培，他任职四年离职时，星巴克的市值从 72 亿美元飙升至 200 亿美元。奥林的继任者是曾在沃尔玛担任高管的空降兵吉姆·唐纳德。和所有退而不休的创业老板一样，虽然口头说好的让继任者放手去干，但把自己亲手带大的孩子完全交给别人，谁会放心呢？霍华德虽然退居二线，还是给公司定了每个季度至少 20% 的利润增长率。这个小目标，埋下了隐患。

霍华德试图尽量不干涉唐纳德的工作，但从员工那里听到公司"只追求增长，不注重客户体验"的抱怨声越来越多，霍华德自己在咖啡馆中也听不到客户的赞美了。从 2006 年开始，顾客在星巴克门店的消费额开始减少；到了 2007 年夏季，门店交易低至历史最低水平，星巴克当年的股价跌了 42%。

霍华德有点坐不住了，2007 年情人节，他给管理团队写了一封善意提醒的备忘录，结果被人发到了八卦博客网站上，星巴克和霍华德成了网民冷嘲热讽的对象。引发霍华德回归的导火索是所谓的"三明治事件"，他随便走进西雅图的一家星巴克咖啡馆，三明治加热和奶酪烤煳了的味道弥漫其间，星巴克最具标志性的咖啡香气荡然无存。

一忍再忍之后，霍华德终于废掉了经理人团队，2008 年年初重回 CEO

岗位。来自沃尔玛的职业经理人唐纳德，虽然对连锁经营富有经验，但并不是一个真正的咖啡爱好者，也就根本无法理解为什么咖啡店的气味对星巴克那么重要。霍华德清醒地知道，重新找回品牌灵魂，星巴克才有可能走出低谷。

在霍华德看来，星巴克走入歧途的根本原因是过分追求效益，忘记了做好咖啡的初心。在 20 世纪 90 年代，热衷星巴克的消费者平均每月光顾星巴克约 18 次，这是其他零售企业难以企及的品牌黏性，但现在客户群体在不断扩大，黏性却在降低。**霍华德的第一个决策是让全美国 7100 家门店停业，员工们开始就地集中培训。**

回归之后，霍华德才发现前任经理人团队给自己挖的坑有多大。为了和时间赛跑，霍华德在 2008 年 3 月几乎脚难沾地，一系列的改革措施不断推出。霍华德回忆道："在第二季度的财务报告电话会议中，我甚至有点要精神分裂了。一方面，我在承诺星巴克的复兴，另一方面，我报告的数据好像预示星巴克正走向了慢性死亡的道路。"

2009 年 4 月，星巴克在美国的销售业绩终于得到改善。自此，星巴克重获新生，而霍华德的回归可谓一场及时雨。星巴克起死回生的历程虽然悲壮，但也足够幸运！

企业进入高速发展期后，过分追求业绩增长，公司核心价值观被忽略是很多大公司发展过程中的现象，在业绩突飞猛进的同时，客户体验越来越差。恐怖的是，这种衰败发生得安静而平缓，如同癌细胞一般潜伏在如日中天的表象之下，无声无息地蚕食着品牌灵魂。

如果不是霍华德敏锐地察觉到这种趋势，重新回归，把星巴克"咖啡的气味"重新请了回来，让顾客对星巴克的消费场景重新给予信任，可能星巴克引以为傲的"第三空间"也将灰飞烟灭……

第五节　从"第三空间"到共享商务会议室

在上海成为全球星巴克店面数量最多的城市之前，这个冠军头衔长时间落在韩国首尔的头上，2015年，上海的365家门店数量超过首尔的312家。2022年星巴克在上海有900多家门店，首尔有500多家，分别占据第一名和第二名的位置，排在第三名的是北京，有400多家。

纽约、东京、伦敦、巴黎等国际化大都市都排在它们的后面，杭州、苏州、深圳、广州、成都、宁波、南京、武汉等中国城市的星巴克门店数量，与这些外国大城市不相上下。

和五年前相比，星巴克在全中国的店面数量从2200家增长到5400家，占据了星巴克在全球新开店面的一大半，而本来密度已经很高的上海，星巴克的开店速度还是远远超过了全中国的速度，在全球城市中一骑绝尘。

在上海，在写字楼和商圈密集的地方，500米范围内会有四五家星巴克店，如果你习惯于用星巴克店作为约会或找人的地标，现在经常会发生错乱。某某路街角的星巴克店，一眼望过去居然有三家！不光是总量，上海星巴克门店每万人人均和单位面积上的数量已经接近纽约，仅次于星巴克的发源地西雅图，那里现在仍然是全球每万人人均星巴克店面最多的城市。

已经拥有900多家星巴克门店的上海，开店没有任何减速的迹象。地球上一座城市拥有星巴克数量的极限是多少？这是个谜。**地产咨询机构戴德梁行曾发布"星巴克指标"，用星巴克的数量来衡量一座城市的前途与竞争力，认为星巴克越多的地方越有活力。**

人均客单价接近40元的星巴克，在上海以及中国南方城市可以如此快速地增长，显然不是因为那里的居民同时喜欢上了咖啡，商业活跃度才是这些城市星巴克门店数量猛增的根本原因。

在上海，除了星巴克之外还有数千家独立咖啡馆，真正的咖啡爱好者只会到这些特色咖啡馆来显示自己对咖啡的热爱，而不会去星巴克品尝咖啡的味道。无论在上海还是中国的其他城市，人们更多的需求是找到一个可以舒服地坐下来谈事儿的地方，星巴克的咖啡、香味、灯光、音乐、绿色的价目表和木质的座椅以及明显的街区位置，提供了可以满足多数人预期的场地。

星巴克"第三空间"的理念，在中国正在演化成共享商务会议室。

20 世纪 90 年代中后期，星巴克开始开拓亚洲市场。1996 年，日本的第一家星巴克开张；1999 年，韩国的第一家星巴克开张，同年星巴克在中国的第一家店在北京国贸中心开张；2000 年 5 月，上海第一家星巴克落户淮海路力宝广场。

无论是北京、上海还是其他中国大城市，在进入中国的前十几年时间里，星巴克属于高档消费场所，是高消费人群消遣以及显示品位和消费能力的地方。星巴克最近几年已经迅速下沉到三、四线城市，成为大众消费场所，虽然价格和美国本土相比依然较贵，但已经成为写字楼里普通白领的日常消费项目。

星巴克进入东亚市场后，和北美市场的基本消费状态相比有了一个不小的变化。在亚洲，星巴克明显向职场一端偏移，更多的门店开在写字楼聚集的地方而非居民区。在中国任何一家城市的星巴克，如果你坐上一天，从顾客的谈话中大体能了解这座城市的商业脉动。

除了带着笔记本电脑在星巴克办公的人，星巴克里的交谈，更多情况下并不是好友之间的轻松聊天，而是半熟不熟甚至不认识的人的约见，这种约见通常都带有浓厚的商业活动色彩。

北京的金融街、国贸周边，上海的静安寺、徐家汇等区域，星巴克开店的密度遥遥领先，这些区域同时也是中国商业中心分布最密集、写字楼最集中、交通最发达、房价最高的区域，自然也是商务活动最活跃的地区。

上海星巴克门店数量在全球城市中遥遥领先，同若干年前首尔门店数量第一的原因一样——这里是全球商业活动最频繁的城市，而不是居民最喜欢喝咖啡的城市。从"城市起居室"到"共享商务办公室"，作为"第三空间"的星巴克咖啡在东亚和中国发现了新的增长点。

第一家麦当劳开在王府井，第一家星巴克开在国贸，美国服务企业进入中国时的这种选择，决定了它们之后的发展方向。20 年前，中国第一家星巴克在北京国贸开张的时候，笔者曾经专程跑去体验，已经习惯把咖啡等同于麦斯威尔和雀巢速溶咖啡的我，第一次体验到咖啡的香味可以如此浓烈，另一个更加深刻的印象是，那里的顾客是我在所有营业场所看到的穿西装比例最高的顾客群体。

十多年前，我的一位朋友选择举家迁回成都生活，我问他做出这个选择的理由，他说因为成都有了星巴克，这意味着那里已经出现了一个年轻知识工作者构成的商业阶层。现在成都有 183 家星巴克门店。

在内蒙古首府呼和浩特，我第一次看到了有蒙古文店名的星巴克，来自品牌监控网站极海的数据显示，目前星巴克在这座城市已经开设了 10 家门店。按市区 200 万人口计算，每万人平均星巴克店的数量差不多只有上海的十分之一，这种差别远远超过了人均 GDP 的差别。青岛和烟台是相邻的两座城市，烟台的人口和经济规模都有青岛的三分之二以上，但星巴克门店只有青岛的六分之一。这种 GDP 数字之外的差别，显示了两座城市在历史文化、经济结构、城市品牌等多方面的差别。

可以把一座城市人均 GDP 与星巴克门店数量相除做一个指数，这个指数显示出两座人均 GDP 水平相近的城市，对年轻白领的吸引力和商务活跃度的差别。

几年前，西安市委书记得知西安只有 40 多家星巴克的时候感慨道："太少了，400 家还差不多。"现在星巴克西安门店数上升到了 100 家。

 ## 第六节 喝咖啡，还是喝咖啡馆？

瑞幸的模式是对咖啡茶饮"第三空间"的直接挑战，创业之初 CEO 钱治亚发表的"瑞幸咖啡宣言"共有六条，第二条是：你喝的是咖啡，还是咖啡馆？然而在中国，顾客喝的从来都是咖啡馆，绝大多数去星巴克的人，都不是为了满足品味一杯咖啡的愿望。

瑞幸咖啡的店面 90% 以上是 20～50 平方米的快取店，遍布没有被星巴克占领的中低端写字楼，选址原则是离用户近。对于写字楼物业来说，引进一家咖啡店比引进一家小超市，对提升写字楼的环境氛围有价值得多，所以，瑞幸很容易获得写字楼黄金地段的店铺，甚至可以以较低的价格拿到。

开一家店要么有较高的单价，要么有足够大的销量。当商品单价降到足够低却仍然不能够吸引更多的消费者时，我们只能认为，这不是一个正常的商业模式，它要么是一种为赚人气的过渡状态，要么就是一种另有目的的骗术。瑞幸靠高额补贴增加客户黏性，获得的客户很多都是"虚假"客户。

狂奔中的瑞幸，如众人所料栽了大跟头，公司遭受了退市惩罚、创始人团队被踢的重大变故。正当人们普遍预料瑞幸将不可避免地树倒猢狲散时，出乎所有人的预料，被投资方接手后的瑞幸竟然从昏厥中挣扎着爬起来，没过多久竟然"满血复活"。

若干年之后，瑞幸的故事很可能比星巴克更跌宕起伏。现在，瑞幸咖啡的门店数量已经超过了星巴克，尽管它们是完全不同的业态，但瑞幸的这种增长态势也足以让星巴克产生压力。**从创立到 IPO，瑞幸咖啡只花了 17 个月时间，创造了全球最快 IPO 公司的纪录，中国消费者对咖啡的巨大需求被瑞幸撬动。除了星巴克的"第三空间"，咖啡的提神醒脑作用存在于众多的年轻白领身上，却被商人们完全忽略了。**

不得不说，瑞幸选择咖啡这条赛道是其得以生存下来的重要前提，尽管被曝出了丑闻，但瑞幸所拥有的市场韧性让它活了下来。在星巴克、costa 打造的"第三空间"和便利店便捷咖啡之外，瑞幸通过移动互联网的精准定位，找到了属于自己的消费场景。

第七节　茶的星巴克，有戏吗

星巴克在中国城市极为成功的高速增长向我们提出了一个问题：中国的茶馆为什么没有及时去满足这种需求？已经有一些依然以传统的饮茶方式呈现，但在门店、服务、品牌上完全打破老式茶馆格局，实现迭代的新一代茶饮店也在迅速成长，比如星巴克前高管刘芳打造的"煮叶"。

2017 年，星巴克华中区的运营总监刘芳开办了中式现代茶馆"煮叶"，和风口上的各色新茶饮不同，刘芳开的是个真正的茶馆，对标星巴克的中国茶消费场景。

开茶馆的想法来自于几年前接待星巴克总部高管时的一次经历，也是在金融危机时期星巴克陷入低潮、霍华德回归的时候，星巴克开始尝试走出一线城市，考察在长沙这样的二、三线城市开星巴克的可能。美国总部很关心这种尝试，派来了很多高管，星巴克有个传统，会议上总会有咖啡品鉴活动。当时刘芳想，一群天天做咖啡生意的人，为啥来中国还要做咖啡品鉴活动？

于是她就给高管们搞了一次中国茶品鉴，结果他们都惊呆了，中国茶的仪式感和神秘感马上把他们打动了。这让她很触动：为什么不可以让茶馆像星巴克一样开遍全世界？

2014 年 3 月底，刘芳从星巴克辞职，踏上了中国茶馆的创业之路，她给茶馆取了"煮叶"这个既写实又意境十足的名字。

在获得第一轮融资之后，刘芳就迅速把旗舰店开到了国贸，这里是第一家星巴克在中国落地的地方。在跑遍众多的茶山、考察了众多制茶人的手艺之后，刘芳以前的完全模仿星巴克做咖啡的想法开始动摇。

她意识到中国茶的多样化是应该被尊重的，不应该一刀切，搞成标准化的味道。她开始反思，茶制作和冲泡的多样性恰好是茶更有灵魂、更有趣、更值得推广的地方，中国人喝茶是不需要教育的，知道自己喜欢喝什么茶，但是可能要给他更多选择，帮他建立对茶世界更完整的认识。

至于如何让茶馆的场景舒适，刘芳有十足的信心，她在星巴克工作这么多年，对如何配合使用灯光、音乐、家具、沙发一清二楚。灯光不能太刺眼又不能太暗；音乐要柔和又不能太慢，太慢就会像老茶馆，人就不进来了；太安静了也不行，别人就不敢说话了。摆放的桌椅要有高有低，有的人是谈事儿的，有的人就带一个笔记本自己办公，不同的人对桌椅的需求也不一样。

但室内设计的主调绝不能模仿星巴克，最终刘芳请了日本的著名设计师，用竹子的颜色作为主色调，家具在形状上采用现代设计，在用料上采用不上漆的纯木制作，沙发选择了 20 世纪 70 年代世界流行的北欧风格。

在空间上设计了大量留白是"煮叶"明显的风格，墙面就是简单的白墙，装贴画是茶在杯中飘浮的照片。乍一看有北欧的风格，又有日本的风格，再一看也是中国的风格，有人把这种风格称作有国际范的东方审美。"煮叶"设计上的理念是，现在人们的杂念和欲望太多了，喝茶是一种清空的过程，留一点碎片时光可以静下来给自己。这个理念和风格，刘芳和设计师一起花了很多时间讨论和调整。

"煮叶"设计的消费场景就是工作节奏快的人来这里待一个小时，喝一杯茶，太热闹或太冷清都不好，至于星巴克标志感十分明显的咖啡香味，中式茶馆无法借鉴。茶的味道没有咖啡那么浓烈，同时茶也没有统一的味道，一种茶的味道太强烈了，会影响喝其他茶叶客户的体验。对于茶馆来说，相比咖啡店，这可能是打造消费场景的一个缺憾。

无论是星巴克还是"煮叶"，真正饮品的物料都会占到产品售价的20%左右，也就是说星巴克一杯30元的咖啡，咖啡、水、牛奶的价格就是5、6元钱，剩下的20多元钱卖的是星巴克精心打造的场景和服务。

现在，在成都、杭州等南方城市，类似"煮叶"这种商业模式的新式茶馆已经出现不少，可以归结为传统茶馆和星巴克的结合体，在产品的呈现方式上尽量兼顾茶的传统，但在空间场景设计上则向星巴克学习。

因为开在购物中心里，"煮叶"的店面只有隔断而故意没有设置门，展现出半开放的空间，刘芳说这表达的就是一种开放、公平、交融的生活方式，大家来这里就是为了放松。

以星巴克为借鉴的新型茶馆，显然是一个符合未来潮流又根植于中国文化土壤的本土商业模式，极有发展前景，有可能诞生星巴克级别的品牌。

第六章
商业模式，
基因决定

初创时期，李宁公司高举高打，安踏公司白手起家。但目前安踏已全面超过李宁，尤其在奥运赛场上。也许，当初的起点已经决定了后来的发展。安踏从鞋出发，走向运动品牌；李宁从领奖服出发，会不会最终走向时尚品牌？

和李宁发展的起起伏伏不同，草根出身的安踏从来没有被什么市场定位、发展战略理论所左右，绝不会在前进方向上产生摇摆，坚定地扎根在运动服和装备领域，脚踏实地，用最朴实的招数，达到了最辉煌的目标。

 ## 第一节　李宁：冠军 DNA，是优势也是包袱

2020 年春节，李宁公司在大洋彼岸点起了一把火。法国巴黎蓬皮杜中心的门口，立起"三十而立"的巨大广告牌；秀场内，功夫巨星成龙穿着李宁功夫系列服饰登台，与前来相迎的李宁上演"世纪拥抱"，让社交媒体上的年轻人激动不已，把这一幕称为"活久见"。

这不是李宁公司第一次掀起社交媒体热潮，早在两年前的纽约时装周，模特穿着印有"中国李宁"四字 Logo 的"番茄炒蛋"服装出场，曾经大众无

比熟悉的中国代表团领奖服，在街头文化的设计中焕发出复古潮流。一夜之间，"中国李宁"四个字反复在微博、微信等社交媒体自发传播，"变潮""够燃"是出现最多的字眼。

从十年前换标，到实现品牌的迭代，李宁公司用了长达将近十年的时间。十多年前，李宁公司和90后一样刚步入20周岁，李宁公司却用近乎激进的方式拥抱自己的"同龄人"。在盛大的发布会上，时任CEO的张志勇向媒体阐释李宁品牌重塑计划，包括使用新Logo、新口号"Make the Change"以及"90后李宁"的新品牌概念。

那时，李宁本人刚在2008年奥运会开幕式上点燃火炬，爱国热情的加持让李宁品牌大爆发。在中国运动员里，李宁是神一样的存在，在他的运动生涯里共获得14个世界冠军，成为中国体坛的常青树；同时他的相貌、体形加上温和的性格和百折不挠的运动精神，成为青少年的完美偶像。所有这一切，为李宁运动服装奠定了极佳的品牌要素基础。

然而，剧情从此急转直下。2010年顶峰过后，李宁公司业绩出现断崖式下跌，新的品牌定位没有笼络到90后，反而让曾经的主力消费群体产生困惑。90后对李宁曾经的辉煌根本没有概念，而原来的忠实顾客，却因新李宁过于明显的90后标签敬而远之。尽管业界大多对李宁公司的这一次自我革命赞赏有加，但不少人也为李宁品牌的这种过于激进的做法捏了一把汗。

市场是试金石，经销商对新标和李宁新的品牌定位并不买账，《环球企业家》杂志当时发出了一篇惊动业内的报道《李宁惊梦》，梳理了这场大溃败，文中写道："熊熊燃烧的火炬熄灭了。"

李宁换标失败的根本原因在于，品牌迭代被他们简单理解成Logo和口号的改变，企业在经营和产品上依然与国内同类产品高度同质化，产品技术含量没有新的起色。

品牌建设的单兵突进，让产品老化、管理粗放的问题更加凸显。

与此同时，出身福建晋江制衣作坊、以安踏为代表的若干品牌却迅速崛起。安踏没有李宁这样的专业运动员的背景和资源，也没有辉煌的历史背书，反倒少了很多包袱。安踏的品牌形象相对固定，营销诉求始终清晰，没有李宁在大众市场和专业领域摇摆不定的"纠结"。

安踏通过在央视投放广告，签约一线演艺明星，从四、五线城市起步，不断壮大。在李宁业绩跳水的 2011 年，安踏的销售业绩首次赶超李宁，拿下本土销量第一的位置。361°、鸿星尔克、乔丹等众多相似背景的晋江品牌依照差不多的成长路径，纷纷抢占中低端市场。李宁腹背受敌，高不成低不就，陷入尴尬境地。

2012 年 7 月，执掌李宁 11 年的张志勇退任，取而代之的是私募基金合伙人金珍君及其团队，一场大刀阔斧的变革计划就此展开。李宁品牌划分了更细致的产品线，将资源聚焦在跑步、篮球、羽毛球、综合训练和运动生活。改造计划执行和结果都不太理想，李宁的短期财务数据变得很难看，2014 年，李宁本人回归，重新改回"一切皆有可能"的口号。2015 年，李宁公司启动了新一轮大规模的年轻消费者调研，品牌策略也开始发生变化，向更潮流和多样的风格进行探索。

2017 年 10 月底，印有"中国李宁"Logo 的文化衫出现在大众视野中，方块字加中国红复古醒目。"中国李宁"这四个字，涵盖了中国文化、体育和时尚。纽约时装周之后，"中国李宁"的系列产品掀起了一股"国潮"。**李宁品牌 DNA 中鲜明的"中国"和"体育冠军"气质，刚好跟这股国潮风相匹配，在这点上李宁拥有安踏、特步这些本土运动品牌不具备的天然优势。**

李宁公司之所以出现问题，主要是因为在专业体育和运动时尚之间不断摇摆。比起面向中学生和中小城市青年的运动时尚品牌，成为真正的运动品

牌似乎是一条更难走的路。李宁品牌依然面对着困惑和尴尬：这种成功和运动关系不大！国潮似乎为品牌带来新的转机，是要顺势而为将品牌引向时尚，还是坚守运动体育，强化专业属性？是要做中国的阿迪达斯还是耐克？

2 第二节 安踏：稳扎运动场

东京奥运会和北京冬奥会，让安踏把李宁越甩越远，在电视转播中亿万观众看到，中国运动员穿着安踏的"冠军龙服"登上领奖台；运动场上，安踏的Logo也不断曝光，而李宁的Logo只能偶尔露一下脸。

安踏创始人丁世忠早早就离开学校，在父亲开的制鞋小作坊里帮忙。1991年，丁世忠带着在北京闯荡4年赚到的20万元，回到晋江创业办厂，安踏就此诞生。

在1992年巴塞罗那奥运会上，李宁运动服作为中国代表团专用领奖服亮相，结束了中国运动员在奥运会上使用外国体育用品的历史。2008年北京奥运会，李宁本人在鸟巢的飞天点火，再加上品牌赞助了中国乒乓球队、体操队、跳水队和射击队四支夺金"梦之队"，存在感爆棚。第二年，李宁公司在中国内地销售额超过阿迪达斯，成为中国市场第二、本土第一名的品牌。**然后，李宁公司就开始犯错了**。2011年起，李宁公司连续三年持续亏损，门店大规模关闭。

李宁焦头烂额，安踏乘胜追击。2012年，安踏营收超过李宁，此后的8年稳坐第一宝座。从2009年开始，安踏开启了国际品牌收购之路，先是小试牛刀收购FILA中国品牌运营权，之后2019年更是一举拿下芬兰亚玛芬公司，获得始祖鸟、威尔胜等十多个品牌，形成多领域运动品牌矩阵。这些品牌分布在运动时尚、高尔夫、户外、自行车、网球等各专业领域，以多品牌战略实现更全面的市场覆盖。

在体育领域吃了亏的李宁，在时尚界却大放异彩。2018 年纽约时装周，"中国李宁"燃爆全场，树立了"国潮"标杆地位，从那以后，李宁的时尚灵魂似乎渐渐盖过了体育基因。

安踏实现草根逆袭，走对了三步：绑定明星运动员、绑定奥运会、绑定鞋子，并且从未动摇过。

第一步，绑定明星运动员。李宁的江湖地位虽然高，但新一代的消费者总有新一代的偶像，20 世纪 90 年代的体坛明星孔令辉身材清瘦，长相帅气。1999 年，安踏花了 80 万元巨款请孔令辉做代言，可那时安踏一年的利润只有 400 万元，此举遭到所有人的反对，最后是丁世忠力排众议，他发出灵魂之问："是知道安踏的人多，还是知道孔令辉的人多？"事实证明，这 80 万元花得实在是太值了。2000 年悉尼奥运会，孔令辉获得男单决赛金牌，完成了自己的大满贯。默默无闻的安踏，在一夜之间家喻户晓。

第二步，绑定奥运会。光拿钱赞助还不够，最重要的核心还是运动本身，得让运动员心甘情愿穿上这个装备，在这方面安踏确实下足了功夫。这些年安踏共为中国 28 支国家队打造了奥运装备。2021 年的东京奥运会，有 10 支国家队穿上了安踏打造的装备出征。

第三步，绑定鞋子。奥运会运动服最主流的几个品牌耐克、阿迪达斯、彪马、锐步，几乎全部是从做鞋起家的。鞋子对于运动的重要性不言而喻，鞋子才是一个运动品牌的灵魂。当年，耐克就是靠着给乔丹设计的 AIR Jordan 球鞋包打天下；阿迪达斯也是靠着足够专业的足球鞋，高昂着品牌的头颅。

做鞋这件事，当然难不倒安踏。早在出道后不久，安踏的运动鞋就因为耐磨、抓地获得"水泥克星"的外号，完美满足了三四线城市和乡村那些在水泥地打篮球的消费者的需求。中国国家举重队的"军神"吕小军，在获得冠军的那一场比赛中，穿的那双闪闪发光的金色战靴，就是出自安踏的举重鞋，耐磨、抓地、足弓避震。举重鞋需要超强的稳定性和抗拉力，拳击鞋则重在轻巧，拳王邹市明的战靴也是由安踏打造的。

 ## 第三节　耐克：先做代理商，再自创品牌

1971 年的一天，蓝带体育公司的创始人菲尔·奈特在位于波特兰市的办公室里踱来踱去，嘴里不断拼读着"Nike"这个单词。酝酿良久，他终于说服了自己，把"Nike"几个字母填入了发给制鞋厂的传真之中，他身边的同事们如释重负。

自从向一家墨西哥制鞋厂定制了 3000 双皮质足球鞋之后，这批鞋子用什么商标图案便成了奈特幸福的烦恼：这可是自创的品牌，一定要叫得响。很难判断奈特当时为何如此纠结，是不是因为当时蓝带公司处境微妙？他们正在背着其代理的厂商日本鬼冢虎公司，偷偷摸摸在搞自己的品牌。

那段时间里，蓝带公司和供货商鬼冢虎公司各怀"鬼胎"，都在为分道扬镳之前的摊牌做最后准备。多年来，双方从一拍即合到貌合神离，已经积攒了足够的不和，起初的合作点早已为如今的同床异梦埋下了伏笔。

获得鬼冢虎代理权的机缘来自奈特的一次环球旅游。在日本游玩的时候，正好父亲的朋友认识鬼冢虎公司的人，奈特想去参观一下碰碰运气。当鬼冢虎公司的负责人客气地询问他的公司名称时，他随口胡诌了"蓝带"这个名称，因为他忽然想起家里奖牌上的蓝丝带。

鬼冢虎的运动鞋轻便、舒适，很受运动员的喜欢，在美国西部很快就打

开了市场。蓝带公司也不断壮大，办公室也从最初的地下室搬进了波特兰市区的写字楼。生意如此顺风顺水，合同到期之后，鬼冢虎公司却只答应跟蓝带公司续签 3 年，这让奈特产生了怀疑。在赴日本续签合同的时候，他特意在鬼冢虎公司内部收买了一名商业间谍备用。

一旦失去信任，在合作中出现的任何问题都会让人疑神疑鬼。随着订单不断增多，蓝带公司需要从银行贷更多的款付给鬼冢虎公司，再等它发货过来，但鬼冢虎公司的习惯性供货延迟使蓝带公司的资金周转出现了问题，这让奈特很恼火。此时奈特获得的情报是，鬼冢虎公司已经决定抛弃蓝带公司。

鬼冢虎公司的一位高层来美国，奈特发现这位代表总是从随身携带的手提箱中拿出一份文件，以此作为发难的依据，用完即放回。奈特抓耳挠腮想看到那份文件上到底有啥内容，就利用对方去卫生间的几分钟，迅速打开手提箱，找到那份文件。第二天上午，在两位同事的帮助下，他们又把这份文件放回了这位负责人的手提箱。

对蓝带公司来说，这份文件相当残酷，是美国 18 家运动鞋经销商的名单和预约见面的时间安排。这让奈特彻底放弃了和鬼冢虎公司继续合作的幻想。接下来，这位负责人直接道出了收购蓝带公司的意图。奈特问："如果不接受呢?"对方直言："那蓝带公司就只能另找出路了。"

为了稳住局面，奈特说得和自己的合伙人鲍尔曼商量一下……自此，蓝带公司和鬼冢虎公司的合作走到了尽头。合同还没有履行结束，却已形同虚设——蓝带公司用这一段时间在为分手做准备;鬼冢虎公司等着彻底拖垮蓝带公司，实现收购的最终目的。

其实它们的合作没持续多久，鬼冢虎公司就知道了蓝带公司在自创品牌的事情，它的负责人再次造访蓝带公司，并在"参观"零售店时利用去卫生间的机会，绕道库房发现了一箱箱印有"Nike"标识的运动鞋……

随后，奈特索性向全体员工和盘托出了已与供货商闹掰的事实，承诺将在美国和鬼冢虎公司打官司，等一切都理顺后，蓝带公司就完全独立了，并将拥有全新的品牌——耐克。**耐克的诞生，为代理商自创品牌创造了一条成功路径。在商界，防火、防盗、防代理，是品牌商永远的痛。菲尔·奈特本人也因为在和鬼冢虎公司"斗法"过程中的机智举动，拥有了传奇色彩，成为全球颇具影响力的品牌创始人。**

 第四节　领奖服和跑鞋：不同的起点，
　　　　　　不同的方向

1980 年 7 月，耐克创始人菲尔·奈特第一次来到中国，在他的自传《鞋狗》中写道：我环视四周，发现有好几百人都穿着中山装和不结实的黑布鞋，这些鞋像是用建筑用纸制成的，不过还有些孩子穿着帆布运动鞋，这给了我希望。

这次中国之行，奠定了耐克在中国市场巨大收获的基础。在他离开的时候，耐克和两家中国鞋厂签订了加工合同，还拿到了四年后洛杉矶奥运会中国田径队热身用鞋和服装的赞助权。

那时，耐克虽然在美国取得了巨大的成功，但和阿迪达斯等历史悠久的大牌相比，还是稚嫩的小字辈，距离自立门户创建耐克品牌还不到十年。

作为俄勒冈大学长跑队的队员，奈特和他的教练鲍尔曼各掏了 500 美元一起合股成立公司，从日本人那里贩卖鬼冢虎的跑鞋。对于耐克的起家，合伙人鲍尔曼的重要性一直被忽略。鲍尔曼不仅仅是俄勒冈大学的田径教练，后来更是成为美国国家田径队的教练。在成为合伙人之前，鲍尔曼就一直在研究跑步鞋，经常对各种鞋进行解剖并动手进行改进，鲍尔曼是一位真正的运动鞋专家。当菲尔·奈特向鲍尔曼推销日本跑鞋的时候，他马上主动要求出 500 美元当合伙人。

1971 年，菲尔·奈特和鲍尔曼创办的蓝带公司和鬼冢虎公司分道扬镳，创立自有品牌——耐克。在 1972 年慕尼黑奥运会上，因为鲍尔曼成了美国田径队的主教练，"耐克"的知名度大幅提升，体育明星们纷纷穿上了耐克跑鞋。

没有鲍尔曼的入股，耐克根本不可能对运动鞋有深刻的理解，更不会轻易让美国顶级运动员穿上当时没有任何名气的跑鞋。能让顶级运动员穿自己的鞋参加比赛，几乎是每一家运动服装公司获得成功最重要的一步。

创始人的出身和合伙人的选择，决定了创业公司的未来。

比起以专业运动著称的耐克，李宁似乎还不够"硬核"。耐克打响的第一炮靠的是运用气垫缓震技术的跑步鞋，而李宁起家的产品则是不需要有太多技术含量的领奖服。起家基因决定了不同的发展方向。

耐克可以一个接一个地推出经典运动鞋，这种全方位持续的升级能力首先需要巨大的资金投入。耐克每年研发投入占比均超过 5%，有时甚至高达 10%，可李宁 2018 年的研发投入占比仅为 1.3%，即使和国内运动品牌安踏、特步、361°相比也是最低的。

在人们称赞耐克广告做得好的时候，可能没有意识到耐克通过对不同运动模式和技术细节的反复研究，让产品成为真正提升运动员能力的装备。这种以运动需求而非市场为导向的产品开发，是它成功的关键。

 ## 第五节　品牌与运动员相互成就

紧密捆绑运动员，几乎是每个体育品牌的必行之策。

最经典的案例是耐克和篮球巨星乔丹之间的合作，很多人应该都还记得乔丹身穿 Air Jordan 球鞋飞身上篮的那个慢镜头。这款球鞋在 1985 年公牛队获得 NBA 总冠军后，创下 1.3 亿美元的销售额，也让耐克的名字走上神坛。

体育明星的红利显而易见，但并不是每个品牌都能打好这张牌。耐克是怎么做的？他们有一个专业的"球探"团队，像星探一样去发掘明日之星。李娜、刘翔、詹姆斯被耐克签下的时候，分别是 15 岁、19 岁和 18 岁。这种"识于微时"的情感，使体育明星在成名之后也会选择继续为耐克背书，这也是耐克的签约运动员很少被竞品挖走的原因。

安德玛也是如此。它更倾向于那些相对便宜但有巨大潜力的大学生、青训球员，它的预算只有耐克的 1/3，一定要追求高性价比。**品牌与运动员的捆绑，除了增加曝光率，更理想的状态其实应该是一种互生互助的关系——品牌通过科技突破成就运动员，运动员也成为产品创新不竭的源泉。**

耐克的 CEO 帕克曾说，耐克与运动员的关系是"关联性"，耐克在帮助运动员了解运动潜力的同时，亦加深自我理解。顶级篮球鞋的"标配"全掌纤维碳板，设计灵感来自对乔丹在球场的每个动作摄影的逐帧放映分析，最终发现鞋底变形会严重影响移动速度；为刘翔打造的跨栏钉鞋，也是完全针对其技术特点而设计的。当这些装备帮助运动员拿下好成绩，它们同时也会成为市场的宠儿。这样的效应，比单纯的广告片更有说服力。

双赢的前提是产品必须过硬，否则品牌会被运动员的表现反噬，李宁就曾遭遇过这种尴尬局面。在 2016 年 CBA 的一场比赛中，易建联被对方上篮后，在场上直接脱掉了穿着的李宁篮球鞋，并在第二节换上耐克鞋重新登场。在另一场比赛中，八一球员雷蒙的李宁战靴在发力过程中破裂，不得不拿着破掉的鞋退场。易建联的举动尚可以用商业行为来解释（易建联是耐克签约运动员），雷蒙事件却让李宁不得不直面大众对产品的质疑。

李宁赋予李宁品牌一种充满奋斗的运动精神，也满足了国人的金牌情结，这是李宁品牌先天的优势。相比之下，耐克的"Just do it"更能够让普通人产生共鸣，推出这句口号的第一支广告的主角，就是一个80岁的普通跑步爱好者，每天坚持跑17英里（1英里约等于1.6公里），让他感觉良好的正是脚上的耐克运动鞋。

即使是使用运动明星，耐克也会从他们经历中发掘出激励人心的一面。科比的故事"凌晨四点的洛杉矶"，让人们看到光环背后的真实，并从中获得力量。

耐克所有的视频广告，都传递着一种共同的精神气质，无论普通人还是明星，都目光坚定，即使是普通人，也要活得精彩。耐克品牌的使命非常清晰，且坚信不疑。而大多数品牌想表达的太多，最后消费者反而一个都记不住。李宁的精神传递也经历过种种干扰和反复，从"一切皆有可能"到"make the change"，再回到"一切皆有可能"，现在又多了一个"中国李宁"。如何在大众心中建立一个持续的精神内核，是品牌需要思考的问题。

经过十年的迭代，李宁甩掉了一些沉重的包袱，实现零售导向模式，在设计上有了肉眼可见的飞跃，盈利能力也趋于明朗。下一次迭代希望能看到一个更清晰、更坚定的李宁。

6 第六节　走秀时装周，走不出中国时尚品牌的捷径

去四大时装周走秀，已经成为越来越多中国时尚品牌的必修课。2018年，街头化的"中国李宁"在纽约时装周掀起了"国潮"风，让越来越多的中国品牌似乎找到了开启时装周的钥匙。

李宁的一把火，点燃了国潮热，也激起了中国时装品牌征战海外的雄心。中国时装品牌由小股部队战战兢兢的尝试，忽然之间变成了集团军大踏步式

前进，走秀时装周似乎也成为品牌进阶看得见的捷径，但这条路真的能走得通吗？

如今的中国服装品牌，找到了时装周的另一种打开方式。中国品牌频频露脸，这背后都有同一个操盘手：天猫。天猫是纽约时装周举办方之一 IMG 的官方赞助商，双方建立了一种互惠合作，将一些中国品牌带到纽约时装周走秀。走秀现场观众不过几百人，如果不做传播，就等于白走。目的还是要给品牌"镀金"，通过时装周的光环，在国内引起话题，提升品牌形象和溢价能力。换句话说，虽然走的是国外的秀，目标还是影响国内。

除了创办最晚的伦敦时装周，无论是创办于 1910 年的巴黎时装周、1943 年的纽约时装周，还是 1967 年的米兰时装周，都是这些国家成衣业迅速发展之后的产物。时装周成立之初本质上就是产品发布会和订货会，不过随着奢侈品牌的崛起和设计师的号召力，它已经成为设计师展示灵感与才华，以及设计师与品牌之间互动和合作的平台。

笔者曾经在米兰和纽约的秀场看到过熟悉的女演员，衣着醒目地在秀场内外逡巡，引来大量真假记者的围观拍照。这些女演员有一些是品牌邀请的，还有不少是通过黄牛搞到一些著名品牌秀的入场券，这些女演员希望通过拍照和视频制造时装周大明星的传播效果，本来应当是主场的中国设计师反而很少有这样的排场。

在中国，除了一些小众的独立设计师品牌，设计师在服装品牌的地位远不如国外突出。有规模、有资金实力的品牌，基本没有叫得出名字的设计师，即使很多品牌在时装周高调走秀，也很难看到和企业长期合作或者成为企业员工的设计师。很多品牌与设计师的关系是临时搭伙，找一位设计师或艺术家做联名系列。独立设计师品牌由于缺乏资金、经验和销售渠道，费尽力气在时装周上搞一次走秀，往往只是获得业内的叫好，最后的结果总是赔本赚吆喝，难以持续，众多设计师品牌搞过一两次之后就都放弃了这条道路。

对于服装这样的时尚产品来说，不去打造塑造品牌灵魂的设计师，很难形成品牌的风格。平时走市场销售也许问题不大，但如果要在时装周走秀，这就成了明显的劣势。

没有代表品牌风格的核心设计师，难以建立起品牌的持久影响力。一些品牌干脆走捷径跟一些流行文化元素结合，这样的系列符合年轻人潮流，通常销售成绩都不错，但无法反映品牌的设计水平，对品牌的长期发展也没有积累。

第七章
老市场，新营销

当一个经济体进入工业化后期之后，通过更高的劳动生产效率提供更便宜的优质产品和服务，才是品牌打造的主流。奢侈品属于高溢价品牌，只能诞生在工业化的早期，后发国家的品牌很难再挤进高溢价品牌俱乐部。

消费品主流品牌必须具有最大的消费者兼容性，这种兼容性几乎大到覆盖所有的消费人群。市场对一支口红、一瓶酱油、一瓶饮用水、一件羽绒服的成长预期，就来自对这种未来消费逻辑的预期上。因此，从中国目前的经济发展阶段看，消费品龙头占据股市 C 位是一个十分自然的结果。

进入消费社会或者如加尔布雷斯定义的"丰裕社会"阶段，头部消费品品牌必然是最理想的现金牛、利润牛。在传统消费品领域，找到新的玩法、实现品牌迭代是中国市场最大的商业机会。

 第一节　完美日记：流量玩家的"爆款法则"

完美日记创立于 2016 年，短短几年在美妆市场占据了巨大份额。在此之前，主流化妆品市场几乎难觅中国本土品牌的身影，甚至早先一些中低端普通化妆品牌也逐渐销声匿迹。

中国彩妆市场主要被欧美日韩品牌占据，往高端走有来自法国、意大利的阿玛尼、兰蔻等大品牌，往中低端有欧莱雅、美宝莲和日韩平价彩妆。完美日记从中看到了机会："不是每个人都能承担得起几百元的美妆产品。"创始人有过打造线上"第一面膜"的经历，深知营销的威力。只要找准目标消费群体，就有可能打响品牌第一战。

完美日记把目光锁定在"Z时代"的年轻女性身上，即95后和00后，她们大部分还是学生，正处于热切追求美的阶段，但消费能力有限；同时对国货的接受度也更高。有了消费者画像，产品内核呼之欲出。

首当其冲的就是性价比——这也是中国大部分消费品牌主打的卖点，完美日记大部分产品都在百元以下。**无敌的中国制造是诞生中国本土品牌的沃土**，众多的国际大牌产品都在中国工厂代工。在营销过程中，明里暗里强调和国际大牌同厂生产，让完美日记站稳"大牌平替"的地位。

在视觉设计上，完美日记也将性价比呈现到极致。完美日记在营销上，自诞生起品牌"爆款"不断，甚至被称为"爆款法则"制造者。完美日记把其他品牌偶尔为之的联名搞成了常态，除了探索频道、国家地理，其合作的IP还有大都会博物馆、大英博物馆、《权力的游戏》、奥利奥等。完美日记可以层出不穷地推出联名产品，随时带给消费者新鲜的刺激，它们的节奏完美契合了当下的快时代。

另外一种方式则是和大牌热点进行捆绑，紧跟流行趋势。哪个大牌的口红或眼影成为爆款，完美日记就会迅速跟随，推出"平替"。只要市场有爆款，完美日记就一定能搭上这趟便车。

当然，这一切的爆款营销，都立足于完美日记对社交平台的广撒网、深耕种。在消费者能接触的几乎所有在线平台，从小红书到抖音、快手、微信、微博、B站的开屏广告、内容分发、直播带货，都能看到完美日记大手笔的营销投入。这样的营销是精细化的，在不同的社交平台，营销策略、沟通话术都会根据用户的偏好进行调整。

尤其值得一提的是完美日记的私域流量运营，完美日记在微信不仅有近十个公众号，十几个小程序，还有几百个"小完子"个人号，全是实打实的真人，负责为客户提供美妆咨询，成为真正意义上的"私人顾问"。通过这些组合打法，完美日记能够将具有相似属性的用户聚集在一起，进行精准营销和投放。

在完美日记的品牌愿景里，"打造互联网时代的新欧莱雅"屡屡被提及。实际上，从它的品牌理念"unlimited beauty"（美不设限）就可以看出与欧莱雅的相近之处——欧莱雅"L'Oréal"一词源于希腊语"opea"，象征着美丽。

和完美日记创始人的商科背景不同，欧莱雅创始人欧仁·舒莱尔是一位化学家，欧莱雅起步的产品，就是他研发的无毒染发剂和油质防晒产品。他坚信所有进步只能来自于科学创新，因此，科技一直刻在欧莱雅的基因里，这也是欧莱雅与完美日记最大的不同。

欧莱雅集团在全球有近 4000 名研发人员，20 个研发中心，每年研发投入 8.77 亿欧元，过去十年每年申请的专利数接近 500 个。研发部门先进行前沿研究和应用研究，然后在产品开发环节根据市场部捕获的消费需求，快速成型。像完美日记这样极度善于营销的品牌，做产品研发不是那么容易的事情。而且对初创企业来说将大把资金砸在产品研发上，也不是划算的事。

但是，对化妆品行业而言，研发才是根本，毕竟消费者最终追求的是变美，如果只是流于表面跟风产品，无法带给用户独特的核心价值。

2 第二节　戴森：产品思维、流量思维 一个也不能少

记不清从什么时候开始，"Tony 老师"的手上出现一种完全不同于过去的吹风机，无数"Tony 老师"手上的吹风机，品牌名戴森，产自英国。

1993 年，英国人詹姆斯·戴森成立了自己的公司，同年，戴森第一代吸

尘器 DC01 上市，产品定价为同类产品的两倍。此时的英国早已走完工业化的全过程，制造业全面衰退，经济向文化创意方向转型。

那时，英国的吸尘器市场已经很成熟，美国的胡佛、意大利的伊莱克斯和日本品牌瓜分了这个小小的家电分类市场，胡佛是家用吸尘器的创始者。但戴森的高价吸尘器却获得空前成功，它解决了当时吸尘器存在的共同问题：吸尘袋里塞满尘土后，会堵住气孔造成吸力下降，噪声也越来越大。戴森的吸尘器直接抛弃了吸尘袋，利用"空气旋流吸收法"，垃圾被吸尘器产生的螺旋风吸起，集中到吸尘器内的塑料筒中，因此它被看作是"自胡佛 1908 年发明第一台真空吸尘器以来的首次重大科技突破"。

凭借小小吸尘的革命性迭代，戴森成为行业颠覆者。

戴森品牌的创始人詹姆斯·戴森喜欢被人称作"发明家"而不是企业家，**戴森公司也从来不把自己归类于小家电公司，而强调自己是一家货真价实的高科技企业**。显然，戴森和他的公司都配得上这样的称呼。

戴森不仅热衷于发明，更善于捕捉消费者的痛点，这也是为什么他从不惧怕进入成熟市场。在绝大部分人看来，家电产品已经极度内卷，新进入者根本没有任何机会，戴森却不这么看。他认为产品类别越成熟，越容易找到缺陷，如果能攻破缺陷，就能让自己独一无二。

曾有人问詹姆斯·戴森，为什么同样的产品戴森的会贵好几倍？他想了想回答："你觉得一个让你欲罢不能的痛点值多少钱？"在戴森吹风机上市之前，女性吹发最大的痛点是：头发干得慢，风扇卷头发，高温损伤发质，噪声大。

戴森吹风机完全将这些问题一一击破：高速马达实现强大风力，使速干头发不再需要伤发质的热风；无叶片风扇让风更均匀、更安全；降噪技术让吹风时耳边不再嗡嗡作响。在浴室里高频使用的这款小家电，据说大大提升了女性的幸福感。

如果说善于抓住痛点，源自戴森本人的市场敏锐度；想要解决痛点，就要依赖硬核科技了。动力带动叶片旋转，造就了非常多类型的机械设备，大到螺旋桨飞机和工业鼓风机，小到电风扇、吹风机、吸尘器和空气净化器，而小型马达的质量是此类机械最核心的要素，每分钟转11万次的小型马达，构建了戴森的技术壁垒。造马达是戴森的看家本领，其研发团队拥有来自机械、电气、电子、航空、材料和软件等方面的工程师。无论是吸尘器还是吹风机，都基于戴森小型马达的技术积累，从这个角度也可以说它是"吹"出来的品牌。

为了让天马行空的想法出现，戴森还在公司组建了一个独特的部门NPI，这个部门的日常工作就是做梦，只提出想法，不考虑其他；如果这个想法被评审委员会认为具备可行性，就会被拿到研发中心进行后续开发。

戴森本人多次强调，公司不是以产品为出发点，而是以科技为出发点，"竞争对手可以从外观上抄袭我们，但核心的马达、涡轮等技术很难被复制"。

戴森之所以在中国市场大获成功，也因为它恰好踩中了消费升级的脉搏。此前，在欧美、日本的成功，无一不是因为中产阶级的崛起。**长期以来，几乎所有的中国家电企业都把"性价比主义"作为自己开发产品的唯一标准，戴森是这一原则的颠覆者，它遵从"完美主义"。**

如果仅仅把戴森的走红理解为"中产阶级智商税"或"奢侈品消费跟风"，或许就错过了它对于品牌塑造的意义。

戴森的产品高颜值的设计、精英式的营销固然功不可没，但真正能支撑它的是背后强大的硬核科技实力，经得起检验的产品表现。几十年来，人们接受欠佳的产品体验，只因没有其他的选择，戴森的产品恰好满足了消费者对高品质生活的追求。

对戴森有些了解的人应该都听过著名的"5126次失败"的品牌故事：为了做出令自己满意的吸尘器，戴森花了五年时间，经历5126次失败，直到第

5127 次，才创造了世界上第一台无尘袋真空吸尘器。故事的真实性我们不得而知，但无疑它是个动人的品牌故事，将戴森"发明家"的特质表达得淋漓尽致。

还有一个广为流传的段子，讲述了戴森是如何重视技术的：新员工进入戴森的第一件事就是组装属于自己的无袋吸尘器，这是为了让员工明确工程技术才是戴森安身立命之本。

这些"故事"都有一个统一的内核，即强调戴森的科技特质和极客精神，比起专业的科技术语，这样的表达更容易让消费者产生共鸣。你也许不清楚空气动力马达有多厉害，但如果听说戴森为了研发吹风机，专门建造头发实验室，购买了价值 4 万英镑的真发，总共长 1010 英里，一定会对其重视研发实力留下印象。

戴森的发布会像极了苹果，创始人站在台上侃侃而谈，更像一位科技大V。戴森的旗舰店装修得像科技展览馆，连广告也以功能性为主，用大量特写镜头呈现产品特点，各种炫酷的科技描述语频繁出现，充满极客范。

法国社会学家让·鲍德里亚认为："丰盛是消费社会最主要的特征，社会生产力得到极大的发展之后，消费者从对物品本身的需求阶段，进入了对物品背后符号的需求阶段。"

戴森正是用自己营造出的科技感、品质感和高颜值，成为新中产的一种社交货币，完成从价格敏感型到价值敏感型的跳跃。

第三节 钟薛高：快消品卖高价，这条路不好走

一根雪糕最高可以卖多少钱？钟薛高给出了 66 元的答案，被称为"雪糕界的爱马仕"。创始人据说被曲解的回应"它就那个价格，你爱要不要"引发热议。

钟薛高能够迅速崛起并引发如此多的关注，不得不承认其过人的营销能力。不过，钟薛高的高价战略能支撑多久？快消品加上国潮的帽子真的能走通奢侈品的道路吗？靠卖高价博眼球的品牌营销术，在中国盛行多年后还会有市场吗？

钟薛高创始人搞营销咨询出身，先后为中街1946、马迭尔、哈根达斯等冰激凌品牌做过广告策划，对行业熟门熟路，精通中国营销界的各种套路。

2018年钟薛高创立，5月首款产品上线，到2018年"双11"时，钟薛高已名列天猫冰淇淋类目第一名，66元一支的"厄瓜多尔粉钻"雪糕，上线当天便卖出了2万支，创下单日销售460万元的纪录。

钟薛高深谙品牌营销的玩法。根据钟薛高的宣传，这款雪糕原料中的柠檬柚产自日本高知县，这种柚子树20年才能长成，产量特别少。雪糕的外皮是来自厄瓜多尔的天然粉色可可豆，整个南美和非洲的可可丛林里，大概几万棵树里才有一棵能长出粉色可可豆。

虽然被当作网红国潮产品的经典案例，但在精彩纷呈同时又泥沙俱下的中国营销界，钟薛高的打法并不新鲜。**过去30多年，营销界依靠编造故事人为营造流行趋势，进而制造阶段性强势品牌，获取高额利润后转战下一个战场继续收割，已经成为通常套路。**移动互联网时代，钟薛高完成了这个套路的最新迭代。

创造流行有三个步骤：第一步，创造出市场尚未出现过的新品类，引发关注；第二步，营造一个话题，让它在全网裂变；第三步，外围造势，找明星、网红、跨界品牌来背书。比如几年前风靡一时的小罐茶，靠的就是八位制茶大师的标签和高颜值的产品包装，然后用超出想象的价格，烘托产品的"高端"。

只要舍得投入，这在一定时间内是非常有效的。**中国是一个巨大的市场，**

只要产品能做出差异性，再加上传播和策划能力，总是能够收获不少品牌的拥趸。即使售价高于产品的实际价值，在质量尚可的前提下，还是会有很多人愿意买单。

走这条路的品牌应该最清楚，它们卖的不仅仅是产品，也是这背后的社交属性和金融属性。价位极高的小罐茶就因为过高的产量与品牌号称的"大师亲自炒制"产生矛盾，受到质疑。钟薛高其高价格最大的背书是原料的天然、健康和稀有，但据好事者曝光，并非如此。比如声称采用特级红提的雪糕，实际是散装一级；宣传只选用日本薮北茶的雪糕，实际用的是鸠坑、龙井、薮北等多种品种混合的茶叶；宣传"不加一滴水，纯纯牛乳香"，可产品配料表中明确标注了饮用水成分。

钟薛高的另一个标签是国潮。随着传统文化的复兴，许多品牌都搭上了国潮这艘大船，利用消费者对于中国文化的认同感，获得一波"自来水"。钟薛高的文化符号在哪呢？一个是它的品牌名，取自三个中国姓氏，也是中式雪糕的谐音；另一个是它的雪糕造型，据说灵感来自中式屋檐瓦片。它的品牌宣言也是制造中国人自己的高端雪糕，振兴国货。在崇尚国潮的消费趋势下，符合时代发展的产品方向。

打着中式雪糕旗号的钟薛高，最大的爆款是充满异国情调的"厄瓜多尔粉钻"。纵观钟薛高的产品描述，用来证明这家中国雪糕品牌高品质的都是来自外国的原料背书：日本抹茶、爱尔兰陈年干酪、加纳 A + 巧克力、厄瓜多尔粉色可可豆……每一种"顶级"原料，几乎都以外国的地点作为前缀。

钟薛高走得更像是奢侈品的路线，制定了远高于同类产品的价格，宣扬原材料的珍贵和难得，营造产品的稀缺感，甚至像某些奢侈品那样，一款新品必须搭配其他基础品购买。为了维持奢侈品调性，钟薛高一直在进行饥饿营销。据报道，钟薛高内部有个规定，长期在卖的产品 SKU 不超过 15 个，产品可以循环存在，但不能同时出现在市场上。

高价冰淇淋并非没有先例，钟薛高也许想要对标哈根达斯，做雪糕里的贵族。其实在哈根达斯的故乡美国以及世界其他发达国家，哈根达斯从来就不是什么奢侈品，在超市的冷柜里和其他品牌的产品混放在一起，是普通百姓的日常消费品。日常消费的属性，决定了它最有市场吸引力的价位，一定是普通大众能接受的，能长期持续消费得起的。

大量美国和欧洲快消品进入中国市场时，都采取了高定价策略，这里除了关税、物流、人力成本等原因，也和欧美文化近百年来形成的强势地位相关。除少量来自法国、意大利的国际大牌，众多在中国采取高定价策略的欧美商品，在本国和发达国家市场只是价格适中或略高的普通消费品。在快速消费品领域，更是从来都没有什么奢侈品概念，绝大多数人在绝大多数时间里，日常消费的快消品都是价格差别不大的主流品牌商品。

那条在快消品领域试图打造奢侈品牌并一直持续下来的道路，已经被无数失败证明不可持续。

奢侈品具有四大特征：第一，材料的稀缺性，材料不易得，价格高，但现在已经没有那么重要，包括所谓高档羊毛、高档牛皮、鳄鱼皮等；第二，设计的独特性，要在设计中体现出世界顶级设计师的灵感和功力；第三，工艺的复杂性，生产中需要专业性强的工匠参与，耗时费力；第四，长期性，要有足够长的时间树立口碑，产品易储存并且有一定的保值功能。

雪糕这样的产品只能在第一和第二条特征上，有一点有限的发挥空间，其他两个特征根本没有任何拿来做文章的可能性。因此钟薛高在材料的稀缺性和设计感的传播上做足了文章，大力宣称在配料食材的选择上花了血本，在外形设计上花了心思。对照以上四个特征，在快消品领域能够打造奢侈品牌的其实只有极少数品类，例如白酒，可以把材料的稀缺性、设计的独特性、工艺的复杂性和长期性统一在一起。

无论如何消费升级，在消费品行业，如果想要形成一个真正成熟的商业形态，成为真正的主流品牌，最终还是要提高劳动生产率，降低价格，让消费者获得好处，这才是快消品真正具有商业价值的品牌生成之道。

第四节　同仁堂跨界：品牌聚能还是品牌透支

百年老字号同仁堂因为卖咖啡上了热搜，枸杞拿铁、罗汉果美式、肉桂卡布奇诺……这些融入传统中草药的咖啡，激起了网友热烈的讨论。同仁堂350多年来历经坎坷，近年来这块金字招牌却屡屡蒙尘，咖啡能让同仁堂品牌更香，还是在"品牌透支"的路上又迈出新的步伐？

前几年电视剧《大宅门》热播，让"炮制虽繁必不敢省人工，品味虽贵必不敢减物力"这句同仁堂的品牌宣传语家喻户晓。但随着现代医学的发展，传统中医"把脉问诊""开方抓药"模式越来越没有成长空间，而中成药市场也步入标准化生产。

同仁堂的转型之路，始于经营高档保健品，保健品多以礼品形态存在，消费者的复购率不高。之后同仁堂尝试做化妆品，按理说，同仁堂做化妆品是有独特优势的：一方面有传统老店品牌支撑，宫廷传承本身就能成为传播噱头；另一方面同仁堂有自己的药材基地，能为化妆品研发提供上乘的物料。但很可惜，同仁堂过于着急，成立了一堆合资公司，推出各种品牌的药妆，不同产品各自为战；2009年，同仁堂药妆退出药房，选择走美容院线，最后也以失败告终。2015年，同仁堂再次跨界，推出同仁堂凉茶和玛咖乌龙茶两款草本饮品，难以在王老吉与加多宝的垄断市场杀出一条路。

2017 年，同仁堂又拿下了直销牌照，开始了大规模的直销运营模式。在中国，直销商业模式始终笼罩在社会声誉不佳的阴影下，有关直销的负面新闻在商业领域总体负面新闻中占比极高。将百年医药品牌置于风险极高的保健品直销模式之下，这是同仁堂品牌透支的一次跨越式迈进。

这些年，同仁堂尝试了各种跨界，既有上述和中药材有较强关联的，也涉足了母婴、日化等弱关联性的行业，这些战略除了掀起话题，并没有做出好口碑的产品。每一次跨界都是在追热点、跟风，什么火就去追什么，没有真正为品牌突围找到路。

企业品牌的延续，除了品质和口碑的长期积累，在不同发展阶段都会有"品牌聚能"期，企业规模的扩张是品牌聚能的最直接路径。当企业进入品牌聚能期，如果产品质量、管理能力和规模扩张同步提升，那么品牌将迈上新的台阶。**可是更多的企业在品牌聚能期，由于战略不清晰或发展速度过快，会很快进入品牌透支期。**

品牌透支表现在五个方面：质量透支、管理透支、品类透支、机构透支和模式透支，同仁堂的品牌透支主要体现在后面两个方面。

所谓机构透支是指公司在主营业务领域有众多的独立法人机构，各自业务甚至有大量交叉。良莠不齐的分支机构对品牌缺少忠诚度，不爱惜品牌，只会索取而不能给品牌以回馈。数量众多的分支机构，繁复的股权结构，非但不能提升管理效率，反而成为品牌透支的最佳土壤。

所谓模式透支是指公司尝试新的商业模式，因战略不够清晰、管理不够到位导致失败，最后对公司品牌产生损耗。在商业被互联网全面改造的背景下，同仁堂却反向进入陈旧且社会口碑灰色化的直销领域，这种模式突破十分令人费解。

同仁堂咖啡店的官方名称叫"知嘛健康"，这次没有直接使用同仁堂的品牌。这种选择回避了年轻一代对中医药的疏离感，也没有把同仁堂的品牌商誉全部押上去，是一个理性的选择。

这个拥有300多年历史的医药品牌，一直在试图突破自己旧有的格局，寻找千禧时代的新蛋糕，这次推出的养生咖啡就是同仁堂寻求品牌年轻化的一次尝试。

知嘛健康的经营方式也在向年轻人靠拢，通过建立社群产生"裂变"。医师、咖啡师录制视频，通过视频社交平台吸引流量。公司最终的目标是打造大健康生态，将同仁堂门店、药店、中医馆、体验机构等资源全部接入平台，"成为亚健康慢性病领域的数据公司"。

这一杯咖啡，能否成为品牌突围的良药？听上去，同仁堂似乎踩中了当前商业的众多热点：泛健康、网红店、新零售、大数据……但这些内容，对同仁堂的核心业务是加强还是削弱？

产品研发跟不上，品牌缺乏核心关注点，或许才是同仁堂"病急乱投医"的根本原因。当然，作为一家拥有300多年历史的老字号，能够放下身段拥抱新生事物，是值得赞赏的。但是，品牌年轻化不仅仅是迎合新一代消费者，更重要的是如何让自己保持源源不断的产品生命力。

5 第五节 农夫山泉：挤入主流市场，成就主流品牌

2022年，钟睒睒居然靠"一瓶水"坐上了首富的交椅。从茅台到海天酱油再到农夫山泉，近来，引领股市蓝筹股的既不是以往的石油、地产，也不是互联网、科技，而是基本没有任何技术含量的消费品。

从中国目前的经济发展阶段看，消费品龙头占据股市 C 位是一个十分自然的结果。以美国为例，从 20 世纪 50 年代开始相当长的时间里，可口可乐、麦当劳、沃尔玛、CVS 等一直是股市最主要的核心力量，科技股成为主角是最近十几年的事情。进入这一阶段，头部消费品牌必然是最理想的现金牛、利润牛。这样看来，中国消费品牌全面建立的路程才刚刚开始。

农夫山泉作为饮料行业的龙头企业，为我们展示了一个消费品牌强大的市场嗅觉和营销意识，可以总结为一句话：**找准了这个时代消费市场最主流的饮料，并成为主流饮料中最主流的品牌。**

在 20 世纪，可口可乐已经完美演绎了这句话。

可口可乐实际上源自一种药剂配方，最早的可口可乐广告着重强调的是滋补功能。在 19 世纪末，糖在美国还是稀缺品，在大多数人摄入糖分不足的情况下，糖浆汽水自然就成了滋补品，和咖啡因带来的提神功效以及二氧化碳带来的解渴功效，三位一体，让可口可乐逐渐成为美国的国民日常饮品。

在可口可乐持之以恒的营销下，美国人几乎把可乐当水喝。不夸张地说，可口可乐公司定义并培养了美国人的口感，经过几代人的传承，这种口感已经融入基因，导致美国人不喝可乐就解不了渴。

可口可乐一直刻意渲染其配方的神秘性，煞有介事地把配方存放到信托公司的保险柜里，规定任何人没有经过董事会的全体同意，不得查看秘方，必须在董事长、总裁和公司秘书都在场的情况下才能看，还故弄玄虚地宣布：禁止两个知道可口可乐配方的官员搭乘同一架飞机。

在经历了最初主打保健的弯路之后，可口可乐的广告一直在打快乐牌，上百年的时间里，给人们的生活带来快乐成为可口可乐不变的诉求。一度，可口可乐甚至成为美式生活方式的代名词。

在中国，"白开水"或茶水是最日常的"软饮料"，众多厂商很久前就意识到了这一点，饮用水一直是消费市场的主流产品。农夫山泉的水源来自水库、湖泊、山泉等地表水，属于天然饮用水。不知是有意还是无意，这一类别恰恰最符合中国人的饮水理念和饮用习惯，这就是主流中的主流。

在天然饮用水成为主流的背后，也少不了农夫山泉广告的推波助澜。1998 年 4 月，"农夫山泉有点甜"系列广告开始在央视播放。这句广告语，既没有宣传水源地的纯净天然，也没有强调健康功效，只提了口感"甜"。相比于其他品牌宣扬层层过滤、矿物含量，农夫山泉的广告直接击中消费者的感官。1999 年推出的另一句广告语"我们不生产水，我们只是大自然的搬运工"，则解释了为什么"农夫山泉有点甜"。相比于第一条广告的纯感性，这则广告开始追溯水源，把产品的来历呈现给消费者。直到第三句广告语，农夫山泉才打出了产品的终极诉求，"好水喝出健康来"，强调产品的弱碱性。天然水是否真的比纯净水健康，如今也没有定论，但可以确定的是经过这几场舆论战，农夫山泉俨然成为"天然水"的代言人。

2011 年农夫山泉推出的首款无糖茶饮料"东方树叶"，则是农夫山泉在健康、无糖方向的尝试。东方树叶一度被吐槽难喝，销售情况并不理想。但公司并未砍掉这个产品线，而是选择放长线等待。到 2019 年，无糖茶饮料成为大众潮流，东方树叶已经成为无糖茶品类市场占有率第一的品牌。正如创始人钟睒睒所说："什么叫主流？不是人多，声音大……真正的主流是必须把握民意流动的方向。"

笔者曾在朋友圈写了段感想：茅台、海天酱油、农夫山泉，三瓶液体引领中国股市方向，分别代表中国消费者的消费场景：在外应酬、回家吃饭和寡淡无味的日常。好事者把消费者改成了中年男人，似乎更能挠到"痒处"，竟在朋友圈里传得火热。支撑起酱油、瓶装水股价的正是回家吃饭与寡淡无味的日常。

消费者永不停歇地持续消费，让这两个行业中的头部企业拥有足够的上升空间，比起阴晴不定的科技股，消费品头部品牌的经营更加稳定，成长空间也毫不逊色。

 第六节　聚焦让波司登逆袭

一个令人尴尬的现实是，几乎全世界的时尚品牌都在中国代工，但中国服装时尚品牌的整体影响力却是微乎其微。中国时尚品牌代工者的基因能否通过后天的努力逆袭成功？波司登成立于 1992 年，当时这名字十分新潮。随着 20 世纪 90 年代那些弄潮青年老去，波司登和他们一起变得越来越老。

波司登的华丽转身称得上"逆袭"。该品牌多年一直盘踞在"中老年人最爱的羽绒服"榜首，如今，微博、抖音、小红书，随处可见年轻人穿着波司登的街拍，不少时尚界人士也对波司登品牌的快速变脸赞赏有加。只用两年的时间，波司登如何实现品牌迭代？波司登的"逆袭"之路始于 2017 年左右，那时公司的业绩已经连续好几年下滑，关了近 9000 家零售店，一度徘徊在生死边缘。

2016 年我曾经发表过一篇题为《从崛起到溃败——中国本土品牌的十年》的文章，论述了众多中国本土品牌溃败的原因和背景，波司登是其中一个案例。**2006—2016 的这十年，当中国本土品牌开始发力的时候，遇到了以淘宝为代表的电商时代，电商价格的高度透明和低价特征，对消费品企业打造品牌的意图来说就是釜底抽薪**。这一规律在服饰产业里尤为明显，众多曾经豪情满怀"冲出亚洲，走向世界"的品牌，要么销声匿迹，要么摇摇欲坠。

除了这个大背景，更直接的原因来自波司登自身：羽绒服销售季节性强，为了解决门店销售淡季的问题，波司登大力扩展非羽绒服的品类和品牌，试图建立一个时尚休闲服装品类。通过各种收购，最多的时候除波司登之外，公司还经营"雪中飞""康博""冰洁"等十几个服装品牌。在服装领域扶持起一个品牌需要大量的人力物力，而资源的分散反而削弱了品牌力。

重新聚焦核心业务羽绒服，是波司登走得最关键、最正确的一步棋。在关店的同时波司登开始对保留店铺做全新升级，从商品陈列到橱窗设计，全面凸显专业羽绒服的概念。在上海最繁华的南京东路，门店三楼设有"极寒体验仓"，顾客可以穿着波司登羽绒服，感受零下30摄氏度低温下羽绒服强大的保暖性能。

想要扭转品牌形象，唯有颠覆。2018年，波司登特别邀请了美国、法国、意大利的设计师，推出时尚款式；同时进行跨界合作，例如星战系列、漫威系列、迪士尼系列等，这些都是属于年轻人的流行元素；接着以秀场带动话题营销。

2019年的米兰时装周则体现出波司登融入街头文化的决心，以"星空、极寒、地表"为主题，走秀模特是全球最红的超模，坐在台下的有妮可·基德曼等明星，之后和顶级设计大师爱马仕前创意总监让·保罗·高缇耶合作的联名羽绒服正式发布。

名设计师加好莱坞当红明星的捧场，从20世纪70年代开始，意大利时尚、奢侈品牌的迅速崛起，基本走的都是这个路子，效果已经被实践反复证明。但这需要花大价钱，要冒极高的风险，敢不敢干要看企业家的魄力。在中国服装界波司登大胆走出了这一步，引起满堂喝彩。

尽管波司登品牌迭代行动算得上成功，但仍然存在软肋，摆在波司登面前的一个选择题是要向上成为羽绒服中的奢侈品，还是填补奢侈品与快时尚之间的中高端市场空白。

第七节　米兰模式：从工匠到设计师

从时尚之都米兰出发，向西北方向驾车两个小时，到阿尔卑斯山下，有一个叫比耶拉的小镇。在欧洲时尚圈，这个小镇赫赫有名，按照他们自己的说法，这里是意大利毛纺织业的圣殿。几百年前比耶拉的先辈们赶着骡马，驮着他们手工纺织的羊毛面料，翻过阿尔卑斯山卖给法国人。阿尔卑斯山流下来的雪水酸碱适度，在这里生长的羊可以梳理出最高等级的羊毛，这种羊毛深受法国宫廷的喜欢。

早在12世纪，佛罗伦萨就有了羊毛加工业行会。商人们购买法国、英国和西班牙出售的羊毛，运回意大利经过精细加工，再返销西欧，围绕着羊毛加工的纺织、印染、剪裁和缝纫的技术也得到了发展。19世纪末，机器逐渐取代了人力，比耶拉逐渐成了意大利最有名的毛纺织基地。纺织厂老板们漂洋过海到全世界各地寻找最好的羊毛运回这里，最多的时候这里有数千家纺织厂。

20世纪60年代，纺织品家族企业的后代们开始不满足于只生产面料和为法国时装品牌代工。1968年，杰尼亚（Ermenegildo Zegna）先生把企业交到了两个儿子手上，他于1910年在比耶拉附近的一个小镇上创办了纺织厂。两个儿子大胆做出了杀入成衣市场的决定，从面料生产商向时尚品牌运营商迭代转型。

此时，西方发达国家已经全面进入了消费社会，产生了一个规模巨大的新阶层——中产阶级，在服装领域带来了新的需求，催生了工业化成衣制造业，在此之前，普通人家的服装大多由母亲用缝纫机或在街边的裁缝店制作，只有少数有钱人才能买得起高级定制成衣。

意大利的足球、美食、美景、音乐也是众多人的心头挚爱，但所有这一切，比起各种顶级时尚品牌在中国的渗透程度都要低得多。古驰、普拉达、阿玛尼、范思哲、葆蝶家、莫斯奇诺……意大利品牌几乎占了世界时尚品牌的半壁江山。

比起高高在上的法国品牌，意大利时尚品牌价格更亲民，也更符合年轻白领对时尚的认知。这些意大利的时尚品牌，大部分的历史都不长，除了古驰和普拉达成立于 20 世纪初，其他品牌大都诞生于 20 世纪 70 年代之后，距今不过五六十年。

如果你看过一点意大利的服装工业史，会惊讶地发现它和现在的中国竟如此相似。曾经，意大利也是一个代工大国，凭借出色的工人技艺和性价比适中的人力成本，为高端品牌（法国为主）提供服装代工服务。现在，你会在全球著名时尚品牌中看到福建晋江、河北白沟、浙江温州、义乌、柯桥、海宁的影子。

曾经的代工大国意大利，如何一跃成为如今的奢侈品、时尚品牌王国？这条路中国走得通吗？面料生产企业奠定的工业基础，让意大利人占据了工业化成衣制造工艺的先机，由此意大利成衣品牌开始在全球市场崭露头角。

尼诺·切瑞蒂（Nino Cerruti）是这一风潮的参与者和见证者，笔者曾两次前往比耶拉小镇拜访这位老爷子。20 世纪 60 年代，他从父亲那里接手了面料生产企业，创立了切瑞蒂（Cerruti 1881）的成衣品牌，之后他把成衣品牌的经营权卖给了一家香港公司，自己则回到老家继续经营祖传的毛纺织业务。

这家建立于 1881 年的毛纺织厂，仍然蜷缩在山脚下小河边的厂房里，厂房已经成为文物，公司没有权利拆除或改造，现在每年只生产有数的高档面料，供应给杰尼亚等顶级时尚品牌。

年过 90 的切瑞蒂先生依然每天到车间巡查，一丝不苟地检查生产环节。在公司档案室，我看到了 100 年来公司生产的每一种面料样品。翻看着一本本厚重的样品册，一代一代设计师和纺织工人所创造的纺织业历史，从面料的纹理、图案和触感传递出来。我问他为什么卖掉成衣品牌而保留了面料？他笑笑说，面料才是服装的灵魂，也是成衣业的基础，比起成衣他更热爱面料。

从 17 世纪开始，巴黎就被称为"世界时装之都"，整个欧洲的贵族都以穿上法国设计师的高级定制时装为荣，而意大利服装业的崛起，就是一个"去巴黎化"的过程。强大的纺织工业基础，精益求精的工匠精神，奠定了意大利成衣制造和时尚品牌产生的不同路径。第二次世界大战后，美国通过"马歇尔计划"对欧洲进行经济援助，意大利的纺织品工业也由此获利。科莫、比耶拉、普拉托等传统纺织小镇的工厂不断更新工艺，逐渐取代法国里昂，成为全球纺织材料中心。

随着制造业的成熟，这些分布在特定地区的工厂，形成了合作和沟通的默契，这些基础产业所构建的体系，渐渐孵化出日后具有全球影响力的设计师品牌。原材料和制造业根基都有了，接下来也是最关键的一点，就是意大利品牌的"身份识别"：摆脱巴黎的影子，建立属于意大利的时尚。意大利的设计师很快找到了一个关键词——成衣。

1974 年，切瑞蒂公司的设计师乔治·阿玛尼自立门户，与朋友合资成立以乔治·阿玛尼为名字的男装品牌。在成为时装设计师之前，阿玛尼是一家百货商场的橱窗设计师。乔治·阿玛尼的首个男装系列甫一出道，便深受时装买手和传媒的瞩目。1975 年，乔治·阿玛尼品牌下增设女装线。

在米兰时装周前主席马里奥·波塞利办公室里非常显眼的地方，悬挂着一幅拍摄于 20 世纪 80 年代的照片，阿玛尼、切瑞蒂、范思哲等当时如日中天的设计师和品牌创造者悉数在场，那是意大利时装品牌真正建立起全球影响力的标志时刻。

米兰的设计师们牢牢抓住了"时尚平民化、服装成衣化"的历史潮流。从 20 世纪 70 年代开始，米兰迅速蹿升为国际时装设计与贸易的重要城市，一大批杰出的时装设计师品牌也随之出现，其中就包括了大名鼎鼎的阿玛尼、范思哲和莫斯奇诺等。

从制造业起家的意大利服装，注重的是实穿性，剪裁精良、实用、符合现代生活习惯——成为意大利服装设计的基础。从 20 世纪 70 年代开始，设计师自创品牌成为米兰时装界的主流趋势。

在这些品牌里，阿玛尼可以说是最深刻领会了"现代审美"的精髓。阿玛尼始终遵循三个设计黄金原则：第一，去掉任何不必要的东西；第二，注重舒适；第三，最华丽的东西往往是最简单的。阿玛尼的设计打破了男性西装僵硬笔挺、密不透风的刻板模式，去掉衬垫，推出更舒适和松弛的设计剪裁；同时，他也把女性从高级时装的束缚中解放出来，中性化剪裁的套装，让她们可以穿得像男性一样帅气。**设计师主导下的品牌，让成衣的风格有了充分展现的机会，在意大利设计师品牌开始异军突起。**

在切瑞蒂公司办公室和比耶拉小镇餐馆的墙上，到处可以看到索菲亚·罗兰等好莱坞明星的照片。尼诺·切瑞蒂是最早打入好莱坞，通过为角色设计服装，让品牌充分曝光的先行者。

作为营销高手的设计师乔治·阿玛尼深知，阿玛尼是现代时尚品牌，它需要适当的商业气息，做更多商业化的运作，才有机会让更多人看到。他把从切瑞蒂那里获得的好莱坞资源利用到了极致，他从米兰飞到好莱坞，混在一堆电影明星里，给自己的服装挑选合适的着装人。1980 年，理查·基尔在影片《美国舞男》里穿了一套又一套的阿玛尼，以至于有评论家称这部电影就是一场"行走的阿玛尼服装秀"。很快"阿玛尼"成了全世界的男人最心仪的男装品牌，也成为80年代意大利时尚的集中代表。

拥抱现代让意大利时装品牌登上了世界舞台，而让它们保有持续竞争力的恰恰是传统。拥有几百年历史的纺织、印染等传统工艺，并没有随着工业化进程而逐渐消失，相反，它们在如今的意大利依然具有活力。

这种活力源自工坊与奢侈品牌之间的紧密纽带。来自科莫的真丝、比耶拉的羊毛、托斯卡纳的皮革，曾为古驰和普拉达这样的品牌提供了高品质的原材料，帮助它们走向世界。如今，它们仍然是许多奢侈品牌的合作伙伴。

而设计——这一时装行业最核心的能力，也在与传统的互动中不断获得创新。意大利设计师有着多元的背景，他们不像纽约和伦敦的设计师大都在精英艺术学校深造过，许多意大利设计师的家族，或多或少与意大利传统的手工制造业有着关系。乔治·阿玛尼是学医出身，詹尼·范思哲的手艺是跟母亲学的。曾有一位时装编辑这样描绘意大利时尚设计师：这是一个神秘的圈子，他们是先驱，是发明家，是诗人，这一小部分人决定着我们对时尚的定义。

在意大利设计中，总能找到传统文化艺术的影子。范思哲的设计中能看到西斯廷教堂穹顶，阿玛尼的设计融入了意大利建筑师安德烈亚·帕拉第奥的风格。

甚至连设计师的培养都延续着意大利工匠学徒式的传统。一名合格的设计师要做很多基础工作，包括在工厂里一针一线缝制衣服，为的就是锻炼真正"做衣服"的能力。

时装公司的设计师，大都要跟整套流程：从创意到设计，再到样衣、成衣、时装秀，通通都要负责，然后再花几十年在自己的领域磨炼，这和达·芬奇时代培养学徒的方法如出一辙。

对年轻一代设计师的扶持和帮助也是意大利时装界的优良传统，在米兰有着很多由行业协会、时装媒体和主流品牌开办的秀场，这些场所展示了年轻设计师的作品，帮助他们与买手沟通，同时也帮助他们进行商业运营和品牌传播。

时至今日，意大利的艺术积淀仍然滋养着设计，遍布罗马、佛罗伦萨的雕塑、壁画和美术馆，大大小小的歌剧院，是设计师们获取灵感的场所。在这些城市里，历史和当下的生活比邻而居，正如意大利的时装正热情拥抱现代生活，但过去从不曾离开。意大利的时尚设计与工业的无缝对接，政府与从业人员对市场、环境、社会舆论的联合营造成效明显，使得意大利时尚产业孕育了自己的特有气质，成为时装制造业大国转型为时尚品牌大国的卓越样板。

第八章　下沉市场就是主流市场

第九章　便利店成为新物种

第十章　网红的尽头

第十一章　打造 IP 娱乐业的金手指

第十二章　数字时代：捷径与边界

art 2

第二部分

流量
密码

第八章

下沉市场就是
主流市场

提起拼多多，人们大都将其所取得的成绩归结为对所谓"下沉市场"的关注和开发。其实拼多多的消费群体根本不应被称为"下沉市场"，而是实实在在的主流市场。和当年沃尔玛开拓的小镇市场一样，本质上也不是什么"消费降级"，从某种意义上来说，恰恰是"消费升级"。

城市化、工业化、数字化进程以及人均收入水平，决定了消费者的基本生活方式和消费样态，也决定了主流商业模式的存在方式和形成方式。企业家和创业者应更多地从全社会平均水平来看准未来几年的消费趋势，从而打造自己的商业模式，而不是仅仅瞄准一线城市的潮流人群，要保证活下来从而获得巨大的成长机会。

 第一节　沟通和交易方式变化，
**　　　　推动零售业更快迭代**

"我没有带你去看过长白山皑皑的白雪，我没有带你去感受过十月田间吹过的微风，我没有带你去看过沉甸甸的弯下腰犹如智者一般的谷穗，我没有带你去见证过这一切。但是亲爱的，我可以让你品尝这样的大米。"自称长得像兵马俑的董宇辉，在东方甄选的直播间里这样卖五常大米。

从来没有人这么深情款款、这么充满创意和文艺腔地卖大米，董宇辉和东方甄选给零售市场到底带来了什么？

貌似东方甄选的直播间是突然火起来的，直播间的红利延伸到了股市，一周之内新东方的股价从 4 元涨到 23 元。人们更多地认为东方甄选口吐莲花的老师，是东方甄选人气突然升高的主要原因，如果了解新东方以及东方甄选的筹备和起步，你可能就不会这么认为了。

抖音上一个叫"风味内蒙"的账号发布了一条视频，这个账号主打牛羊肉以及饼干、玉米、瓜子、燕麦、小米等内蒙古特色食品和农产品，主理人关关情真意切地讲了他们和东方甄选合作的故事。关关说在俞敏洪刚宣布新东方将进军直播电商的时候，团队就决定赶紧去寻求合作。在他们看来，俞敏洪和新东方的名气以及品牌形象非常适合他们做农产品直播。

董宇辉说，当厄运向你袭来的时候你没躲，有一天就会和好运撞个满怀。让消费者产生高度的价值认同而果断下单，也让关关这样的年轻创业者激情澎湃。关关在视频最后说："我想带着这样的善念，带着这样的韧性去创业。东方甄选给我、给你、给咱们每一位普通人都带来了一种向上的力量，让我们每个人都可以成为更好的自己，都可以在困顿和逆境中勇敢前行。"

五常大米足够有名，但买到真正的五常大米和买到真正的阳澄湖大闸蟹一样难。俞敏洪和新东方打造的这种励志向上的企业形象，通过董宇辉们生动的表达，成为真五常大米最有力的背书。在直播电商参差不齐真假难辨的产品中，这种具有价值感的企业品牌背书就显得弥足珍贵。

也有一些人认为东方甄选的前景并不乐观，毕竟一家传统公司整体转型，进入一个网红互卷的赛道，是否有未来的确要打个问号。但从中国现阶段的消费特征以及零售业发展趋势的角度来看，我倒是觉得这种商业模式的成长空间是真实存在的，当然成为主角的既可以是东方甄选，也可以是别的品牌。

短视频加直播的**新模式，无疑降低了零售成本，降低了电商的搜索成本**。传统电商等于货架零售，让顾客自己挑选，而直播电商相当于集市上的摊位，叫卖更重要，能瞬间把流量赋能给货物。

在直播平台，频道信用、平台信用可以直接转化成流量，并最终转化成销量。**小卖部、专卖店、百货场、超级市场、电子商务乃至农村供销社，无论叫什么，零售业的内涵只有亘古不变的两个关键词——沟通和交易**。

任何新的商业模式成功的关键都在于能否降低交易成本，东方甄选显然做到了这一点。作为人类最古老的行业之一，进入工业化社会以来，零售业的定义不断被丰富、被改进，却从未被颠覆。

2 第二节　现在的拼多多与当年的沃尔玛

要理解如今的拼多多，不妨回看一下几十年前的沃尔玛。拼多多的区域性规模优势，在于它瞄准了三四线及以下的城市、乡镇人群，通过低价把他们锁定；另外，借助微信，利用拼团、帮人砍价的方式，鼓励买家在社交网络分享产品信息，把用户黏在一起，从一个人买变成一群人都要买。

那么，问题来了：20 世纪 60 年代开始崛起的沃尔玛，开在小镇，用低价吸引顾客，究竟代表了消费降级还是消费升级？

多年前人们普遍认为淘宝、天猫、京东似乎是线上的沃尔玛，现在看来其实不然。淘宝和京东诞生于 PC 时代，必须是拥有电脑的人，才能够在淘宝或京东购物。即使到现在，电脑也不是每家每户都能拥有的，线上购物仍然是有门槛的。当年它的用户是知识和经济水平较为靠前的小部分人，而并非普罗大众。基因决定了原来的主流电商想全面进入低价市场，难度比后发电商大得多。

但拼多多诞生于移动互联网时代，智能手机几乎成为每个人的标配。用麻将的术语比喻，拼多多带着它的低价基因，截和了"五环外"的市场。

"低价"，无疑是拼多多在激烈的电商竞争中脱颖而出的撒手锏。有时候，价格低到甚至让人产生疑惑，这么卖难道不亏本吗？拼多多的假货和劣质商品也让人们对其商业模式充满了怀疑。

除去产品质量、假货这些非正常因素，拼多多便宜的背后，是一整套商业模式的颠覆。 首先看看它和其他电商巨头的区别。淘宝主抓流量聚集，京东关注产品质量和配送速度，拼多多则从低值易耗品入手，找到了长尾需求的突破口。在拼多多销售排名前三的品类分别为食品、母婴和女装，都是高频低值的易耗消费品。从销售模式来看，淘宝做的是 C2C，京东和天猫是 B2C，消费者都是从品牌商或中小卖家手上买东西，要么主动搜索，要么平台推荐。拼多多则是 C2M——从消费者到工厂，通过对消费者需求的聚集，反向引导上游的供应链做到一定程度的批量定制。聚集的方式就是拼团，拼到一定量，可以持续形成单品爆款，从厂家直接订制，从而在流通过程中省去分销、库存等中间环节。这与沃尔玛的策略异曲同工，从生产商那里直接大量进货，是沃尔玛经营的不二法则。在 20 世纪 70 年代，美国消费品制造业向国外大量转移之后，沃尔玛的采购员总是最早光顾新的制造基地的那批人。

以拼多多的重头戏水果为例，拼多多与农村、果农绑定，做"产地直发"。这种方式剔除了多余层级的批发商，避免层层加价，由此重构供应链，连接"最初一公里"的果农和"最后一公里"的消费者。

其次，拼多多获取新顾客的成本也更低。随着流量价格上涨，商家的市场推广费用与日俱增，在双 11、618 等官方促销日，为了走量必须强曝光，这些推广费用最终会被转嫁到消费者身上。相比之下，拼多多卖家的转化成本要低得多，促销以砍价和红包为主，不是非常依赖广告投放；店铺、搜索、品牌的概念在拼多多当中的存在感非常低，一切都比不过一款"爆款单品"来得直接，在消费者"拼"的过程中一层一层传播出去，几乎没有宣传成本。

被称作"腾讯干儿子"的拼多多，在微信扎根非常之深，小程序、支付、广告推广服务，都比其他商家有更多利好。拼多多获取一个新顾客的成本只有不到 25 元，远低于其他主流电商。

拼多多的价格之所以这么低，也来自平台对各个商家的硬性要求。厂家直销、低成本用户裂变、价格管控——这三个要点，共同造就了拼多多的低价撒手锏，再依靠大数据分析能力，受消费者欢迎、产生大量购买的商品会被更多地推到前面。不断做爆款，把 SKU 的深度做到极致，就能把"压缩成本、毛利，靠走量赚钱"的思路做到极致。

当价格足够便宜，那些月收入低于 5000 元的人，才有机会用上以前只有城市高收入人群能享受的物品，或许质量有所差异，但至少能够实现功能满足。正如拼多多创始人黄峥所说："消费升级不是让上海人去过巴黎人的生活，而是让安徽安庆的人有厨房纸用，有好水果吃。"

消费升级，常常被理解为消费者会买更昂贵的东西。其实，消费升级的真正意义在于人们**进入更现代的生活方式，刚需的范围扩大，在日常消费上他们反而会买更便宜的东西**。

以前买一件衣服，可能会更关注质量，是否耐穿，因为一件衣服需要应付多种场合。但随着生活方式的变化，人们对衣服开始有明确的功能分配，居家服、职业装、休闲服、运动服、登山装、礼服……当需求变多，花在每一件衣服上的钱就会减少。看上去好像是消费降级，实际上是升级，因为穿衣的种类变得更丰富。

现在的中国经济发展水平正在接近于 20 世纪中期的美国，人民生活水平普遍提高，离"丰裕社会"越来越近。但不同的是，我们还没有来得及经历完整的工业化进程，就碰上了信息时代，还没来得及出现沃尔玛这样的线下超级巨头，就遭遇了电商群体的崛起。

3 第三节 小镇基因造就沃尔玛

1945 年第二次世界大战结束，山姆·沃尔顿从部队退役，准备盘下一家小杂货店开始自己心心念念的零售事业。此时，他的妻子说："我会跟你去任何你想去的地方，只是求你别去大城市，对我来说，1 万人的镇子就足够了。"

在此后将近 20 年时间里，沃尔顿的生意一直在 1 万人以下的镇子上打转。无心插柳柳成荫，妻子的生活喜好，后来成了沃尔玛的"小镇战略"。

1985 年，福布斯第一次把美国首富的头衔安到他的头上，30 多年过去了，首富的头衔虽然多次易主，但山姆·沃尔顿创建的连锁零售企业沃尔玛依然以傲人的营业额，排在财富世界 500 强的第一位。

直到去世，沃尔顿都生活在小镇上。现在，管理着 10000 多家卖场和 200 多万名员工的沃尔玛总部，仍然位于阿肯色州的本顿维尔——这个仅有 3000 人的小镇的西南八街 702 号。放在中国，这个小镇可能连"十八线城市"都算不上。

阿肯色州是个只有 200 多万人口的偏远小州，全州人口约等于沃尔玛一家企业的员工总数，阿肯色的小镇，是标准的"五环外"世界。沃尔顿的第一家杂货店，是一个名叫富兰克林连锁杂货商的加盟店，这家店被沃尔顿经营得十分红火，五年的租赁合同到期后，眼红的房东不愿意把房子继续租给沃尔顿，没办法，沃尔顿只能寻找另一个适合开店的地方。

他和岳父开车无意逛到本顿维尔，这是一个更小的镇子，他们问到了一家准备出手的店铺，于是就盘了下来。之前吃过租期短的苦头，这次沃尔顿把租期订到了 99 年，这一年是 1950 年。

重新装修后，沃尔顿在镇上唯一的主流媒体《本顿维尔民主报》上打出了他的第一则广告——"沃尔顿富兰克林廉价商店重张开业减价大甩卖"，广告里沃尔顿亲自撰写的内容是：孩子会获赠气球，衣服夹子 9 美分一个，茶杯 10 美分一个。开业当天，人们蜂拥而至。**时至今日，沃尔玛超市的广告依然沿袭这种风格，并且成为连锁超市的广告的标准模式：十分具体的商品；直接标注让人难以置信的低价；没有任何花言巧语。**

沃尔顿第一次登上福布斯富豪榜的时候，纽约、华盛顿的精英们和主流媒体根本不知道他是何方神圣。记者们蜂拥到本顿维尔——沃尔玛总部，这个位于阿肯色州、只有 3000 人的小镇。

沃尔顿在后来的回忆录中揶揄道："我猜他们是想拍下我一头跃进铺满金币的游泳池中的照片，或是希望拍到我正用百元大钞点燃又粗又长的雪茄，身边环绕着一群跳着性感肚皮舞的姑娘。"结果，记者们挖到了这样的猛料：沃尔顿开着一辆旧皮卡，戴着一顶印着"沃尔玛"字样的棒球帽，去镇子中央广场旁的理发店理发，摄影师用长焦镜头捕捉到了他坐在理发椅上的样子。

沃尔顿成为首富的时候，沃尔玛的卖场已经开遍了美国各州的小镇，大部分美国人每周都要光顾沃尔玛，但在华尔街的精英和媒体圈看来，沃尔顿依然是一个上不了台面的土包子。

1962 年 7 月 2 号，第一家沃尔玛折扣店在本顿维尔以南不远的一个名叫罗杰斯的小镇正式开张，这一次，沃尔顿没有再加入其他杂货店连锁品牌，他立了自己的字号，也琢磨出了和以往不同的经营模式。

新开的店面积达到了上千平方米，地面是水泥的，上面摆放着光秃秃的平板货架，和镇上百货商店的瓷砖地面、明亮的灯光、光洁的柜台和货架相比，沃尔玛的店看起来像仓库。只有一点，沃尔玛比百货商店干得漂亮——所有商品的标价都比百货商店便宜20%。这么做是否能吸引顾客，沃尔顿的内心其实是没有把握的。他无法判断，在一个总人口为6000人的镇子上，顾客们会不会仅仅因为价格而抛弃他们熟悉的百货店，跑到更偏的地方来买东西。小镇的顾客用行动给了沃尔顿明确的答案，沃尔玛开创的零售方式成功了。

沃尔顿的信条是要节省每一分钱，为了疯狂地减少开支，沃尔玛的店面曾经是可口可乐的一个老旧的罐装车间，货架是从另外一家倒闭的商店买来的，售卖的服装甚至被挂在车间的管道上。

为了宣传低价，沃尔玛不断举行疯狂的营销活动，他们一次性购入3500箱汰渍洗衣粉，这样可以比正常进货价低一美元，洗衣粉被堆成了小山，顾客疯狂抢购。这种在各个小镇不断出现的火爆场面，让沃尔玛低价的口碑不断传播，沃尔玛等于低价成为小镇居民的基本认知。

美国的零售、餐饮、时装等生活服务类著名品牌，大多诞生于20世纪50—70年代，其中不少都诞生在偏远小镇，这是20世纪五六十年代连锁零售和连锁餐饮企业的共同特征。

起步时的沃尔玛并不像后来那样开设巨型购物卖场，而是在一个区域内特别密集地开店——以配送中心作为圆心，以一天配送车程作为半径来密集开店。用这种方式，每个配送中心的固定成本就平摊在多家门店上，因此，产品价格也能更便宜。不仅如此，密集开店让消费者很容易找到最近的那家店，复购率很高，形成了用户黏性。**区域性规模优势＋用户黏性，这两点其实就是沃尔玛当年成功最大的秘诀。**

直到 20 世纪 80 年代，小规模的连锁便利店崛起，逼迫沃尔玛走上开设巨型单体店的发展道路，但巨型店的规模效应让它依然保持了低价的传统。偏远小镇的消费能力，决定了沃尔玛的低价基因，加上便宜的场地租金和人工费，宽敞的停车场，发达的道路网和极高的汽车普及率，是它后来能够在全美国各地小镇上不断开店的法宝。

 ## 第四节　零售业迭代仍在进行中

1852 年，世界第一家现代意义的百货商场在巴黎诞生。**百货商场的出现是工业化带给城市的礼物，从此，百货商场代替教堂成为城市的中心。**

这是零售业第一次大迭代，在此之前的数千年，地球上无论哪个文明的零售模式都是市场加店铺。百货商场的出现影响深远，在长达 100 多年的时间里引领着商业潮流，直到 20 世纪 70 年代，才被以沃尔玛为代表的超级市场所超越。

在美国，沃尔玛模式成功后，开市客（Costco）模式也获得了发展机会。开市客目前是全美第二大、全球第七大零售商，它的基本商业模式是依靠会员费支撑运营。"会员制＋精选商品＋低价格"是开市客的核心商业模式，开市客的顾客必须成为其会员并缴纳会员费。开市客将自己的顾客定位于消费观念成熟的城市居民，和普通低收入群体比，他们对产品质量的要求更高，在选择产品上不愿意花更多的时间。所以开市客卖场中，同一种产品没有过多品牌，不会给顾客提供更多的选择空间。会员费实际上起到了开市客与会员之间相互承诺的作用。

纳斯达克是科技股的摇篮，对上市公司的业务范围有着清晰的选择标准，大多为软件、计算机、互联网、电信、生物技术领域的创业公司。**但纳斯达克只给一个传统领域开了口子，那就是连锁零售和批发贸易，这个例外是基于零售业巨大的市场规模和经营主体更易复制的特点，让零售企业未来的发展具备了足够的想象力。**

互联网给零售业插上了翅膀，在巨大的中国零售市场分得一杯羹，是纳斯达克投资人对其投资价值判断的根本原因。随着 21 世纪的到来，在互联网电商的冲击下，零售业的迭代开始加速。在中国，当当、阿里巴巴、京东的先后上市，标志着电子商务改变了传统零售业态；拼多多的上市，代表移动互联网时代零售业又一次迭代的开始。

2019 年 4 月，电子商务的祖师爷和领导者亚马逊砍掉了中国内地业务，这标志着在长达十多年的时间里，作为跟随者的阿里巴巴和京东最终打败了师傅。和前辈们相比，拼多多们的崛起虽然同样以互联网作为基础技术支撑，但其本质上更是本土商业的进化生物，而非国际流行的商业业态迭代的跟随者。

移动互联网的广泛使用，微信等社交软件的普及，让沟通的便捷性、准确性和即时性大大提高，社交软件实现了图文、语音、视频传递的一对一、一对多、多对一、多对多沟通的自由切换，给每一个个体零售者建立起了能够随时随地发布产品、详细介绍、鼓励购买、结算交易、售后服务的通道，剩下的只有一件事：货在哪儿？

随之汹涌而来的"短视频＋直播"零售模式，迅速将其本来不高的城墙淹没。国内一些主打会员电商的零售企业刚刚起步，还没来得及稳定，就被新的模式所迭代。**商业模式的变迁，哪些是常态的，哪些是过渡性的，只能通过时间的检验得出结论。**

第五节　刚需范围扩大，消费者用更少的钱
买更多的东西

从 20 世纪 50 年代开始，经济学家加尔布雷斯走红，到了六七十年代，更是成为哈佛校园乃至全世界都知名的"网红"。1958 年，加尔布雷斯的《丰裕社会》出版，迅速成为街头巷尾热议的畅销书。这本书居然在 1965 年就被翻译到中国，时隔多年之后再版，书名被改为《富裕社会》，一字之差，很容易让读者误读作者的真实意图。

进入 50 年代，美国人全面进入现代生活，大部分人有能力购买满足生活方方面面需求的商品，但不是人人都变得很富有。

进入"丰裕社会"的人们衣食无忧，不会再饿肚子，死于营养过剩的人远远多于死于营养不良的人，绝对贫困人口只出现在境遇特殊和部分不愿意离开故土，居住在"就业孤岛"上的人群。

加尔布雷斯认为美国已进入丰裕社会，这是技术进步及经济巨大增长的必然结果。在他看来在所谓"丰裕社会"，消费需求越来越依赖消费者承受债务的能力和意愿，而不仅是消费者的收入水平，消费的每次增长都会引起债务的进一步增加，在提高消费水平的同时必然会陷入更深的债务之中。

这一预见显然已经被后来的发展历程所证实，在美国无论是普通消费者还是国家财政，都背上了沉重的债务包袱。**他看出了社会的病症，但却没有看到实际上这是一个工业化进程中的必然规律。他后来在经济学界逐渐边缘化，也和他对于消费过于消极的看法有关。**

在工业化后期，国家基本完成了城市化，对于占社会主体的普通劳动者来说，他们城市化的时间相对较短，家庭没有积累什么财富，而城市化生活意味着大量前所未有的消费支出。**大多数人挣钱的速度永远赶不上花钱的速度，所以通过消费信贷来提前覆盖生活成本，是不得不进行的被动选择，不是什么消费理念的超前。**在这样的"丰裕时代"，除了富裕和有财富继承的中产阶层，社会中的大部分普通劳动者其实并不能随心所欲地消费，他们要把钱花在生活的方方面面。**所以，用最少的钱买最多的东西，才是大部分普通消费者的需求，至于品质和品位，那毕竟是少部分人群的需求。**

在传统的商业模式中，富裕人群和中产阶级才是主流商业关注和争夺的焦点，那些遍布小镇和农村的杂货店根本不能构成商业模式，也没有什么品牌意识，沿袭着千百年来小杂货铺一贯的经营模式，**但以沃尔玛为代表的连锁折扣店彻底改变了这种状况。经过几十年的发展，他们把所谓的"下沉市场"打造成了名副其实的"主流市场"。**

6 第六节　工业化程度决定零售模式

日本消费理论专家三浦展在其所著的《第四次消费浪潮》中，把日本的消费社会发展分为四个阶段。1912 年到 1941 年为第一消费社会，这一时期是日本工业化起飞的阶段，通过明治维新实现思想和制度的奠基之后，日本工业化开始起步，到第一次世界大战前后，日本的工业化开始突飞猛进，大量人口涌入城市。

从 1920 年到 1940 年，东京的人口从占全国的 6.6%，发展到占全国人口的 11%，城镇化率从 18% 发展到 38%。这个数字相当于中国 2001 年的城镇化率，1978 年改革开放的时候，中国的城镇化率也正好将近 18%，也就是说在这 20 年间，日本城市化的速度甚至超过了中国改革开放最初的 20 年。

这一时期的日本，大城市的年轻人在消费上开始和欧美接轨，西餐店开始被年轻人追捧，广播的普及让流行时尚进入人们的日常生活，食品、服装、现代住宅等行业蓬勃发展，百货商店、连锁店大量出现。这个时代的突出特征是以大城市为中心的少部分人群进入现代消费，中小城市和农村还都停留在满足日常传统生活所需的消费阶段。

1945年到1974年为第二消费社会。第二次世界大战后，日本经济虽然遭受了毁灭性打击，但却迅速恢复并重新起飞。1955年，城镇化率从1949年的28%迅速恢复到56%，到1970年达到72%。这一阶段，家用电器和汽车开始快速进入普通人的家庭，1964年实现了洗衣机、电冰箱、电视等家电的全面普及，到1975年实现每千人拥有汽车300辆，差不多每个家庭都拥有了汽车。

这个阶段的突出特点是，大部分人步入中产阶级行列，工业品和普通服务业的价格不断下降，贫困现象基本消失，连锁超市、便利店、快餐店等新业态四处开花迅速下沉，绝大多数人都过上了现代城市生活。一些消费者开始无节制地大量购物，生活方式开始变化，外出就餐娱乐开始成为常态。

1975年到2004年是日本的第三消费社会。这个阶段日本经历了泡沫破灭，经济进入低增长期，产品生产和服务的对象更多针对个人而不再是家庭，单身、啃老群体迅速增长，这一阶段消费者更加注重个性化、多样性。

2005年之后的30年是作者所描述的第四消费时代。这个时代日本的人口数量开始减少，出生率越来越低，老年人口占比越来越高，消费品出现了更加朴素、休闲、共享的倾向。

作者特地强调，他所表达的第一消费社会到第四消费社会，并不是说到了下一个消费社会前一个消费社会的特征就消失了，新的消费社会与旧的消费社会是一种重叠关系，不是取代关系。

　　对比中国，作为后发经济体，中国消费社会的发展除了兼具美国、日本等发达国家在不同的城市化、工业化水平阶段所必然出现的相似消费样态之外，最近 20 年互联网在中国社会和商业模式上的全面渗透，还让中国的消费样态有了鲜明的特点。

　　城市化、工业化、数字化进程以及人均收入水平，决定了消费者的基本生活方式和消费样态，也决定了主流商业模式的存在方式和形成方式。当然一些具体指标也可以划分一个经济体的消费社会发展阶段，例如带有标准卫生间（马桶、上下水、浴缸或淋浴、瓷砖）的住房普及率、家庭汽车普及率、人均外出就餐次数、人均购物次数、人均外出旅游次数、人均年购买服装件数等。

　　综合以上各个指标，笔者认为中国人整体的消费水平和消费样态，基本接近于美国 20 世纪 40 年代末和日本 20 世纪 60 年代末的水平，按照三浦展对消费社会的分法，相当于处在日本的第二消费社会阶段。但在中国的大城市，第三消费阶段和第四消费阶段的消费样态也根本不新鲜。

　　如果要给中国的消费社会划一下阶段的话，笔者认为可以把 1978 年到 2001 年称作第一消费社会，这一阶段中国整体处于短缺经济状态，大城市的居民带动了消费，商业模式基本处于传统阶段。以 2001 年加入世界贸易组织为节点，中国进入第二消费阶段，笔者认为这个阶段将持续到 2035 年前后，那时中国城市化预期达到 75% 左右，城市化基本结束。

　　像美国、日本等发达国家进入类似消费阶段那样，在中国进入"第二消费社会"阶段时，本应是一个零售业态和商业模式大变革、大重组、大发展的阶段，百货公司模式被连锁超市、大型仓储式卖场、会员商超、便利店、大型购物中心等各类商业模式所迭代。但恰在此时，电商开始在中国孕育成长，半路"截和"了线下商业模式的发展，淘宝、天猫、京东、拼多多等电商一举成为主流零售力量。在移动互联网时代，抖音和快手为娱乐和社交视频搭建的平台，也注定成为主流的零售平台。

　　作为企业和创业者，要更多地从全社会平均水平来看未来几年的消费趋势，从而打造自己的商业模式，而不是以一线城市中年轻群体的潮流来为自己的商业定位，要选择更容易活下来的商业模式，从而获得巨大的成长机会。

第九章
便利店成为新物种

2020 年是连锁便利店、生鲜前置仓等商业模式进入快车道的时候，被数字化赋能的便利店和生鲜电商来得正是时候。

面对疫情，规模更大的连锁便利店展现出更高的反应速度、调度能力、运营弹性。**同样由于后发，中国本土连锁电商在开始就和电子商务相结合，将数字化融入了经营模式。因此，这种取代速度会比发达国家的更快。**

贝恩咨询报告指出：消费者行为和偏好的改变，将进一步影响消费市场的竞争格局，行业集中度将会加速提升，马太效应可能愈加明显。

 ## 第一节　便利店：第四基础设施

从最初的采购米面油、方便食品、生活日用品，再到后来的"买菜送菜服务"，便利店在新冠疫情中扮演的角色，已经远超出了一家零售商店的范围，人们也更明显地感受到便利店存在对日常生活的意义。

2020 年，在武汉包括中百罗森、Today、可多、苏宁小店、美加宜、7 – 11、昆仑好客、易捷等品牌连锁便利店总数达到 2131 家，平均 5200 个常住人口有 1 家便利店，覆盖率远远高于全国平均水平。

2016 年，武汉中百集团与世界三大便利店巨头之一的罗森推出了中百罗森便利店，短短 3 年时间，中百罗森已在武汉开了 333 家门店，数量仅次于上海。

无心插柳，便利店成为新冠疫情期间民生非常重要的一环，温暖而明亮的灯光从门窗映射到街上，就像城市在呼吸，让出来透口气的市民心头有了一份暖意。

新冠疫情让人们改变了生活方式，有些改变可能随着疫情结束而结束，有些改变则由于某种习惯的形成，成为孕育新的商业模式的沃土，比如便利店。

连锁便利店长期打造的鲜食供应链和零售云平台以及比传统小卖部更高的管理水平和货源组织能力，让它们能够在疫情初期供应混乱的时候，依然保持正常的运营。在第三方物流瘫痪的非常时期，能保持营业的店面都拥有制造鲜食的工厂及配送链，而 24 小时"不打烊"的营业时间，更是大大方便了市民。

新冠疫情让很多原本在大型超市、农贸市场和传统零售店进行日常生活购物的城市居民，得以高频次通过 APP 及小程序购物，体验了这种零售模式的方便、卫生。**消费心理学告诉我们，人们一旦习惯于更高档次的购物环境和购物体验，就很难回到过去。疫情过后，连锁品牌便利店迎来一个新的发展高潮。**

便利店在灾害等特殊时期的作用，已经有过非常具体的体现。在近 40 年来日本所发生的几次大地震中，便利店在防灾、救灾上都发挥了重要作用。1995 年阪神大地震发生后，罗森派出直升机向受灾地区的店铺供货；2011 年"3·11"大地震发生 4 分钟后，7-11 就成立了抗灾应急指挥部，每天 3 次向灾区运送商品；罗森则利用自家物流链配送原材料进入灾区，以最快的速度恢复生产。

特殊时期连锁便利店提供的方便和及时，自然大大强化了人们平时对便利店的依赖。**早在 20 年前，有人就认为日本便利店已经饱和，但在电商已经充分发展的今天，日本便利店的总数依然处于增长当中。**

在日本，便利店甚至被称为"第四基础设施"，一些政府的公共服务也是连锁便利店提供的。2017 年 7 月起，7 - 11、全家、罗森等日本几家大型连锁便利店公司，被日本政府认定为发生灾害时应国家要求，提供紧急资助的"指定公共机关"。

20 世纪 70 年代是日本连锁便利店迅猛发展的时期。在五六十年代，日本的 GDP 增速平均在 9% 以上，70 年代增速大幅放缓至年均 4.8%，自此，日本结束工业化中期的高速发展阶段，进入工业化后期的消费社会。

2 第二节 鲜食厨房——便利店的看家本领

1971 年，伊藤洋华堂的员工铃木敏文在美国出差的时候，偶然发现了便利店这种不同于传统小卖部的新业态，力主公司引进日本。此时正是大型超市在日本火爆的时候，公司大部分人反对引进这种业态，反对的理由很充分，和大型商超比，这种小店单位面积的销售额肯定更低，同样的销售额也要雇佣更多的人工。最终，铃木敏文用便利店未来经营上与大超市的差异化和更高效的管理，说服了公司。

1927 年，7 - 11 的前身、全球第一家便利店在美国达拉斯诞生，由一家制冰公司创立。在冰箱发明之前，从美国北方向南方和中美洲出售冰块，是一桩十分赚钱的买卖。1925 年，民用冰箱开始上市，这家公司意识到冰块生意可能要终结，公司必须找到新的发展方向。

冰块销售点在夏季每天营业 16 个小时，公司发现居民在购买冰块的时候还希望能顺手买些针头线脑以及牛奶、鸡蛋、面包等家常食物，于是冰块销售点就顺理成章地转型为小卖部。

有冰块保鲜，让这些小卖部的食品更受主妇们欢迎，在早期建立了公司的竞争优势。1946 年，当时店铺的营业时间是每周 7 天从早上 7：00 一直到晚上 11：00，公司干脆更名为 7 - 11，此时开始进入扩张期。1963 年，公司实现全天 24 小时营业，在南方的几个州开设了超过 1000 家连锁店，真正迎来了连锁超市的发展大机遇。

罗森在日本的规模仅次于 7 - 11，同样诞生在美国。1939 年罗森成立，最早是一家牛奶专卖店，也是 20 世纪 70 年代进入日本，后被日本人收购。比 7 - 11 进入中国晚得多的罗森，现在正在以超常速度在中国发展，门店总数早已超过 7 - 11。

和传统小型杂货店或者小型超市最本质的区别是来自便利店的生鲜食品基因，因为分别从冰块和牛奶售卖转型而来，即时食物成为全球所有连锁便利店的当家生意。结账处的柜台上边摆香烟，下面放安全套，这几乎是所有品牌连锁店的招数，这种摆放方式把连锁便利店 24 小时营业的必要性彰显出来。

和传统小卖部不同的是，每个便利店都会有大概占店面面积 20% ~ 30% 的鲜食厨房。鲜食厨房意味着每间便利店的周围，必须存在大量没有时间或没有精力在家做饭的人，他们的基本特征是：工作繁忙、时间不能自主，并且有相对高的收入。**鲜食厨房既是连锁便利店最重要的利润来源，也是传统小卖部无法实现的业务——鲜食意味着连锁便利店必须建立稳定的食物半成品供应链。**

无论从需求还是供给上看，连锁便利店都是社会进入工业化后期、高度

城市化的产物——白领成为城市就业主体。连锁便利店的大规模扩张期，在美国是第二次世界大战后，在日本是 20 世纪 70 年代。

现代零售模式 100 多年来经历了百货商场、超级市场、郊区折扣店、便利店和电商这几个发展阶段，作为后发国家，中国用 30 多年的时间走完了全过程，电商的横空出世让中国零售业进入了几种模式并驾齐驱的状态。

电商凭借技术优势，在中国直接压制了以沃尔玛为代表的发展模式，使得这种模式尚未大面积普及便进入萎缩期，但线下连锁便利店所拥有的特性却很难被电商所取代，以 Today、便利蜂为代表的众多本土连锁便利店能够快速扩张，就是基于这种判断。

中国连锁经营协会《2019 中国便利店发展报告》中显示，当年全国便利店总数约 12 万家，平均每家店覆盖 1.1 万余人，销售额达 2264 亿元，较上年同期增长 19%；据商务部统计，便利店销售增速在实体零售业态中排第一。目前进入行业统计的本土品牌连锁企业已经接近百家，这些新型零售企业正在飞快取代夫妻店。

小型零售店本来是所有生意中进入门槛最低的行业，商务部的数据显示，我国个体工商户数量达到 1567.08 万个，其中 80% 以上是小型零售商。从发达国家的发展历程来看，这上千万个各种类型的小卖部，将在 20 ~ 30 年的时间里逐步被品牌企业所取代。

3　第三节　便利蜂：数字化赋能便利店

在北京朝阳的一个二流商务区，我数了一下，直径 150 米的范围内有八家便利店，包括最早的 7 – 11 以及后来陆续开张的全时、全家、便利蜂等，我都有点怀疑，在这些店开张之前，小白领们是怎样活过来的。

在这些连锁便利店中，便利蜂是开张最晚的，而且居然在一栋楼的底商开了两家店。这家 2016 年 12 月才成立的连锁商超，不到一年半的时间，就在北京、上海、天津、南京等地开出了 200 多家店铺，而便利店之王 7 – 11 花了 14 年才在北京开了不到 200 家店。

如今，便利蜂全国门店已超过 2000 家，北京就有 500 家，超过全家、7 – 11 和罗森等日系便利店在北京店数的总和。这样的开店速度引人惊叹，也饱受争议。更大的争议，来自便利蜂流淌的互联网血液。

便利蜂无时无刻不强调自己的互联网基因，速度与"算法"是便利蜂的核心，其宣称的终极目标是要做一个大数据及算法驱动的便利店系统，尽可能减少人工在其中的参与。听上去似乎是互联网"金手指"营造的又一个神话，只是不知道这样的神话能持续多久。

据中国连锁经营协会统计，国内 26 座重点城市，单个便利店辐射人数为 1.1 万余人，而在美国和日本，大约每 2000 人就有一家便利店。中国城市人口约有 6 亿，如果按日本便利店的渗透率估算，可以容纳 30 万家店。

目前，国内大部分城市的短距离购物依然以传统小卖部、小超市为主，便利店虽然增长迅速，但整体连锁化程度低，服务水平参差不齐，商品同质化，这都是便利蜂们的机会。

便利蜂的打法是以速度取胜。成立之初，便利蜂打出的旗号是"1 年开 100 家"，为了达到目标数量，只要位置合适，不管面积是 30 平方米还是 400 平方米，都迅速拿下。

不过，便利蜂品牌传播的最大着力点是把自己打造成一家数据科技公司，而不是小卖部连锁店，引以为傲的是他们的"算法"。便利蜂小程序里的口号是：一家 24 小时靠谱便利店，智能零售新体验。

通过"门店 + App"形式的线上线下双布局，用户可通过手机 App 以及"多点自助购"机器，实现自助购物，从而提高购物效率，减少门店人力成本。

便利蜂从生产、销售到运营、服务的各个环节，都渗透着数字化思维和管理。据说创始人曾在内部邮件中强调"每个总部员工的数学逻辑能力"，认为便利店业务是"每一天都需要大量基于数学逻辑评估的小决策"。

 ## 第四节　谁更重要："算法"还是店长？

按照便利蜂的公开资料，笔者挑选几个简单的例子，说明一下便利蜂的数字化管理：便利蜂的热餐，使用各种传感器，对食物的烹饪温度、火候、时间等参数精确量化，连土豆的硬度、扁豆的长度、炒制的时间都有规定，每样食品的制作流程精确到秒，并使用物联网技术记录、监控每一个步骤。

每天早上 5:00，便利蜂的系统会推送做包子的任务，每次做几个包子、几个肉的、几个素的，都在计算之中，甚至店长要热几个包子，都由系统决定。

便利蜂的短保商品（保质期 48 ~ 72 小时的）都是动态定价，变价规律借鉴了航空公司对机票的"收益管理"机制，商品哪天、几点开始打折，都是系统决定的，连店长和店员都不知道。一旦打折生效，商品前方的电子标签就会由普通的黑白色变成"红色"，确保对价格敏感的消费者一进店就能看见。

这种极致量化管理自然有它的好处。首先，大大缩短了员工培训的周期，便利店行业培训一个店长需要 2 ~ 3 年，便利蜂只需要 45 天到 6 个月，传统便利店模式需要由店长做的决策大部分被算法取代，变成自动化管理，这一点至关重要。如果按照传统培训周期，根本跟不上便利蜂的开店速度。

其次，对生产、配送流程的数字化管理，能够最大程度保证产品品控，实现标准化；基于销售数据选配每个门店售卖的商品，成功率也远高于人工选品。

但是，速度和数据是否能保证便利店的成功？

没有便利蜂的单店效率数据，我们可以参考类似业态的同行，在全国范围内，它们单店单日销售额仅为2000元左右，很多传统的小卖部，单日的销售额都会高于这个水平。连锁便利店单店营业额偏低的原因在于，经营模式基本模仿7-11，也就决定了只能面向一线城市的白领，这样一个单一市场大家都来扎堆，导致客流被高度分散。本来满足一两个店的客流，七八个店来分，况且便利店做的本来就是薄利的生意，必定杀得刺刀见红。

与疯狂扩张的国内便利店品牌相比，最早进入中国的7-11便利店显得相当"佛系"，进入北京14年，只有251家店，还不如便利蜂两年的数据。

7-11的缓慢步伐引来外界一片唱衰，但公司本身似乎并不焦虑。其实，只要仔细看看7-11门店的数据，就知道姜还是老的辣。北京的7-11平均日销售额为2.4万元，几乎是其他便利店品牌的3倍左右。在整个7-11体系里，有着高度一致的理念，那就是门店赚钱比扩张速度更重要。相比于规模，7-11更看重密度，因为便利店是短供应链半径的商业模式，密集开店，物流供应链和运营成本才划算。

另外值得注意的是，7-11等日系便利店并不那么迷信直营，曾任7-11中国董事长的内田慎治认为，直营门店的数量最好不要超过80家，否则总部管控起来会比较吃力，这种观点正好与便利蜂们相反。

关于智能化和各种新技术，7-11也持保留态度。便利蜂极力推行的无人化收银，在 7 – 11 看来，反而会给用户增加负担。"消费者在便利店里停留的时间越来越短了，最多也就在 5 分钟左右，如果不知道如何操作无人设备，反而会浪费很多时间。"

这正是便利蜂遭遇的尴尬之一，门店鼓励消费者使用 App 进行自助购物，但很多消费者不知道如何使用，需要员工手把手指导，反而增加了工作量。

7 – 11 中国董事长内田慎治的一句话放在这里正合适：采用新技术的出发点，首先是提升用户体验而非降低成本。顺着这句话，我们可以进一步思考，便利店或者零售的本质究竟是什么？

便利蜂认为，便利店的核心是两个 15：一个是 15 元的平均客单价，另一个是 15 分钟的往返时间。"我们的目标，就是要让中国每个消费者，都能在 15 分钟的路程内，吃到干净、卫生、相对能负担的食物。"

说个有趣的插曲，便利蜂创始人庄辰超在混沌大学讲课时，一位女粉丝在互动环节提到，便利蜂 "卖的不单单是食物，也有关爱"。庄辰超回答说，我们不解决关爱问题，我们卖的就是食物。

这种有些冰冷的 "理科男" 思维，和 7 – 11 的人情味形成了鲜明对比。7 – 11 成立 30 周年时，曾播放过一则企业形象广告，广告中店员问一名顾客：您想买的是不是一份好心情？

7 – 11 创始人铃木敏文也说过一句流传很广的话：零售的本质就是满足不断变化的客户需求。归根结底，便利店仍然是非常传统的，它提供的是生活里的日常，在家的附近、工作的周边，与人们产生持续的联系。首先，价格和服务永远是最重要的；其次，体验不可取代。科技可以复制，但在一家店体会到的信任、舒适和温暖，才是属于它的独家记忆。

所以我们看到，无论行业如何变幻，7 – 11 始终将自己的哲学奉行到底：密集选址；提供有价值的商品；一切以顾客需求为导向；注重与员工的直接沟通。

便利蜂的门店管理看上去更为精细，但值得注意的是，便利蜂走全直营模式，可在中国快消零售业，还没有直营体系短期内迅速规模化成功的先例。"小店莫直营"，是连锁领域默认的规则。

毕竟大公司简单培训出来的店长和经常在店里的加盟店老板，操的是完全不同的心，所营造的也是完全不同的氛围，数据无法完全代替这种氛围，这可能就是"小卖部"这种延续数千年的商业模式的核心逻辑。

就像亚马逊 CEO 贝佐斯说的那样：你要问自己这样的问题，未来十年什么事情不会改变？然后把所有精力和努力放在这样的事情上。

 ## 第五节　中国互联网企业的零售基因

1999 年，多家媒体共同主办的"72 小时网络生存测试"，可以看作是中国互联网电商事业的起点。主办方在北京、上海、广州三地招募志愿者，测试内容是主办方提供一个只有网线和电脑的房间，要求测试者 72 小时内不许离开房间，想办法通过网络购买各种食物和生活必需品。

最终超过 5000 个报名者中的 12 位志愿者被选拔出来，参加了最后的生存测试。在忍受了 25 个小时的饥饿后，一名志愿者宣布"投降"退出测试，剩下的志愿者则通过各种摸索和尝试逐渐买到了一些东西，熬了下来。

这个活动第一次把互联网和普通老百姓的吃喝拉撒联系在了一起，之前的互联网只存在于白领和政府、事业单位知识分子的办公室里，为工作服务。而现在几乎每一个中国消费者都是互联网电商的深度用户，智能手机的出现让消费者的日常生活和互联网更深地捆绑在了一起。

在更早的 1995 年，亚马逊和易贝前后脚开始通过互联网卖书和旧货，但更早起步的美国电商和普通老百姓日常生活的相关度并没有中国高。截至2019年，中国电子商务占社会零售总额的比例高达25%，这个比例在美国只有11%，这个巨大差距和现代零售业的起源和发展过程相关。

便利店和连锁超市在20世纪60年代的迅猛发展，全面改造了美国零售业的业态。和中国便利店及连锁超市作为舶来品从一线城市缓慢下沉的过程完全不同，美国零售业连锁化是从小镇开始的，当这种商业模式建立起来之后就迅速迭代了传统的杂货铺和单打独斗的商超。经过小型连锁便利店和大型连锁商超迭代的零售市场，方便、安全、卫生、廉价，已经几乎完全满足了消费者的日常消费。

和当年美国的工业化后期相比，中国传统服务业的工业化过程有了一个更重要的外部环境变化，就是信息化、数字化，**也就是传统服务业的工业化和信息化、数字化是叠加的，这种重叠无疑将产生更先进的商业模式，让新旧企业的迭代加速**。所以，生鲜零售必然是中国互联网电商巨头们要拿下的高地。在过去的10多年时间里，电商巨头的所有技术、管理、人才储备和数据积累，都十分适合对零售进行不留死角的改造。

零售和生活服务行业特别适合互联网企业发挥优势，自然会吸引中国互联网企业迅速调转枪口，瞄准了这个可以实现降维打击的天量市场，一度甚至连搞搜索引擎出身的百度都抵御不了诱惑，毅然杀入外卖市场。资本市场也是推波助澜，凡是以零售和生活服务为基础的公司，都给予极高的估值。

投资人的慷慨，让中国主要互联网企业大量涉足零售领域，通过高额补贴攻城略地，让传统零售和生活服务业丢盔弃甲。当电商从书籍到服装、从家电到家具、从出行到保险逐渐覆盖大部分零售、生活服务、金融服务等行业之后，巨头们发现蔬菜生鲜这类复购率最高的商品，居然成了一块硬骨头，被超市、农贸市场和社区小店拿得死死的。疫情期间，居家隔离催生了社区微信蔬菜生鲜团购群，电商巨头发现蔬菜生鲜的堡垒被社区居民自己炸开一个豁口，于是便杀了进去。

社区电商把社区实体小店作为终端，通过"预售 + 自提"的商业模式为用户提供服务。消费者买到更便宜更安全的商品，中间商按需下单减少损耗，看起来似乎皆大欢喜。

有了这个多赢的局面，互联网巨头卖菜为什么会突然遭到非议呢？原因很简单，它们发展太快，触角伸得太长，迭代其他传统行业太不留余地，这种通吃一切的扩张态势，激起了从零售到金融等众多服务业机构的反弹。

无论在美国还是在中国，互联网巨头们都成了舆论漩涡的中心。爱尔兰记者和未来学家露西·格林在她的《硅谷帝国——商业巨头如何掌控经济与社会》一书中，对硅谷霸权进行了抨击。一位华盛顿大学教授认为：亚马逊基本自成一国，可以满足人民的所有需求，但最终会伤害供应商和品牌。当它成为垄断者时，消费者的下场就会和供应商一样——被迫遵守它制定的规则。

说一千道一万，当少数寡头携带更新的工具，快速改变传统产业的时候，在提高生产效率的同时必定会伤及传统行业的利益，当这种冲击面过大，越来越多的被冲击者感到不安并且发声的时候，这些寡头的垄断就会成为一种共识。

第十章
网红的尽头

中国有着全世界数量最庞大的时尚网红群体，网红们享受了社交媒体时代的利好，他们努力带货，创下过亿元的销售业绩，培育了一个又一个新带货网红，但唯独不愿花精力打造一个真正的品牌。

在网红模式里，时尚产业还没有形成清晰的逻辑。从最早的服装厂，到之后的民族服装品牌和少数设计师品牌，再到如今的网红"野生时尚"，给人的感觉是一场倒退。

坐拥大流量的网红们，却在快速变现的冲击下，失去了走一条更扎实道路的耐心。网红要想长红，必须完成从网红向品牌主理人的艰难转型。

 ## 第一节　网红也能创大牌

2019 年初，笔者在意大利米兰最繁华的品牌街上，被一个从未见过的品牌专卖店吸引了，这个专卖店的 Logo 是一只大眼睛，和那些眼熟的时尚大牌放在一起，显得突兀而大胆。

我向行家请教这个品牌的来头，原来这是意大利著名网红博主琪亚拉·法拉格尼的自创品牌，在寸土寸金的米兰主街上和古驰、范思哲、阿玛尼比肩而立。时尚圈里有的人艳羡不已，有的人直撇嘴。

琪亚拉可以称作是网红界的"祖母",2009 年,只有 22 岁的她开了博客,分享自己的穿衣搭配,那时她还在博洛尼大学读书。后来她把舞台搬到了社交媒体,在 Instagram 的粉丝有 1000 多万。

超高人气带来的不仅是收入,哈佛大学甚至将她的创业故事作为案例写进了 MBA 教学案例库,她也是第一个登上 *Vogue* 封面的博主,以前只有全球顶级模特和演员才可能成为这家杂志的封面女郎。

琪亚拉出生在意大利一个中产家庭,爸爸是牙医,妈妈是作家,跟时尚圈都没有什么关系。刚开始她的穿搭都是地摊货,随着名声越来越大,路易威登、迪奥、Calvin Klein 等大牌都花钱请她在博客、Instagram 上晒自家的单品。社交媒体的出现,让她的传播半径迅速扩大,超高人气带给她与各大品牌合作的机会。她的野心越来越大,不久便创立了自己的同名品牌。

从街拍达人到商业领袖,琪亚拉经历了三次重要迭代。第一次迭代是从穿搭博主到创办自己的网站 The Blonde Salad;第二次迭代是创建个人鞋履品牌;第三次迭代则开启了生活杂志与自创品牌的双策略。

在三次迭代中,琪亚拉都抓准了时机,主动出击。为了成为时尚偶像,她不惜花重金投资穿搭,甚至自掏腰包去各大时装周看秀,以增加曝光机会。随着知名度提高,琪亚拉并不像大部分网红那样着急变现,而是先雇用了一个数字营销公司,帮助改造自己的网站。等网站体验提升之后,才开始通过一家广告公司寻求与潜在客户的合作,与迪奥的合作,正是由这家公司促成的。

那时,奢侈品开始尝试电子商务,琪亚拉从中看到商机,开始思考如何提供更加多样的服务,让这些奢侈品品牌看到网红在电子商务引流方面的价值。他们发现,内容互动和植入式广告能带来更好的效果。在推介某个产品时,琪亚拉会分享自己的经历,例如,她穿着什么样的衣服,开车到某个地方旅行，在文章内容中附上所穿衣服的链接，这样受众会更愿意点击它进到网站购买。很快，这种新型的植入式广告就取代传统广告模式，成为她的主要收入来源。

在选择合作品牌上，琪亚拉非常谨慎，最重要的不是名气多大或佣金多高，而是与她自身的形象符合，能够在品牌宣传的同时也展示出她的风格。这样的做法，能够维持琪亚拉在受众心目中的人设，也让推介更加真实自然。

到2011年，琪亚拉的名气已经足以成为商标，开始有鞋厂慕名而来，想合作创建琪亚拉品牌的鞋子。这个看似诱人的合作，却不如想象中美好。琪亚拉发现，鞋厂老板只想用她的名字，却不会接受她对产品的想法，且该鞋厂在质量和分销商等方面也存在很大问题。也正是这次合作，让她意识到品牌控制权的重要性。当她与另外一个意大利鞋厂开展合作时，即掌控了设计、生产和分销各个环节，确保一切都能按照她的想法来执行。

2013年左右，社交媒体正经历一场骤变。在中国，微博和微信逐渐成为人们主要的信息浏览平台；在海外，Instagram的崛起导致博客流量下降。

这一趋势促成了琪亚拉的第三次转型。建立Instagram账号之后，原有的博客就变得有些"鸡肋"，发布内容和Instagram是一样的，流量和粉丝也远不如后者，过多的产品植入也在损害大众对博客的信任。思考之后，琪亚拉决定停止与产品植入相关的内容，将博客改造成符合个人形象的网上生活杂志。

这样的调整初看似乎减少了很多创收的机会，但从长远看，因为去掉植入式广告，内容品质上升，反而吸引更多年龄层以及更高端的用户，整体商业利益却是增加了。

琪亚拉能够构建自己的品牌，最基础的因素在于她自己本身就是最棒的内容生产者，不是仅仅靠展示形象和会吃喝，她对时尚搭配有非常高的专业度，对时尚潮流有敏锐的把控力，有领先市场的影响力。

171

时尚消费领域的品牌迭代正在以不同的方式和前所未有的速度发生，品牌竞争的规则也随之变化，网红时尚品牌的生成完全是另外一套逻辑。品牌的主体并不是传统的制造厂老板，也不是知名设计师，而是由"网红"构建。

品牌生成过程中有创始人的主导作用，也有积聚在创始人周围的分销商形成的"网红生态"，他们每个人都是粉丝中的意见领袖，形成了自己的 IP，有自己的粉丝群体。他们既是消费者也是产品体验和检测者，最后也成了经营者。他们通过社交网络销售产品，也通过社交网络塑造品牌。

奢侈品和时尚消费品经历了作坊、工厂、设计师创建三个阶段，现在会不会形成一个新的时代？网红不再仅仅是代言人和带货人，也可以成为品牌的创建者，这似乎已经是一种国际潮流了。"网红品牌"的崛起，来自于一种新的商业逻辑，互联网时代的渠道掌控方也可以成为时尚品牌的开创者。时尚市场变化非常快，以前是五到十年才能迭代一次，现在两到三年就会迭代一次。快速的迭代，让掌握渠道的"网红"们打造自己的品牌更具可能性。

处于头部的网红们有没有可能从超级售货员向上一步，成为品牌的创建者？抑或，一如既往地在赚到一笔快钱之后，成为过往云烟？从全球范围看，成功的网红能够走多远，来自意大利的博主琪亚拉·法拉格尼已经做出了榜样。粉丝数量可以轻松超越琪亚拉的中国网红，是否有机会利用自己的个人名气，走出一条品牌之路？

2 第二节 "野生时尚"离品牌越来越远

相较于琪亚拉清晰的商业策略和品牌脉络，迄今为止，笔者在国内没有看到头部网红构建自己品牌的决心和努力。在时尚领域，绝大多数网红都是靠街拍穿搭起家，似乎都把开淘宝店、直播带货作为终极归宿。从销售数字上看，这些网红无疑都相当成功，能轻轻松松获得上亿元的销售额。

她们中有人也曾创建了所谓的"品牌"：取一个品牌名，买来各色奢侈品找厂家打版，然后放到自己的淘宝店销售。她们穿着当季的潮品，频繁出国街拍，有些网红还拥有专门的视觉团队。她们的品牌通常都没有实体店，这些美照就是"卖场"的橱窗。

主流时尚业认为国内网红对时尚圈根本没有影响力，但同时他们又不得不在网红的"带货"能力面前低头。

媒体将这群网红构筑的淘宝生意圈称为"野生时尚王国"，她们售卖的款式在价格上替代了 H&M、Zara 这样的快时尚，也完全不避讳和大牌设计同款，相反，通过各种明示暗示，表明产品和大牌之间的联系。

这也许和中国独特的行业生态有一定关系。欧洲时装产业历史悠久，拥有无数成熟和富有创意的设计师，中国时装产业起步仅仅二十几年，既缺乏有国际号召力的大设计师，也没有建立起成熟的从创意到生产的链条，如今凭借人口红利和单一市场，尤其是社交媒体的热潮，服装产业达到空前繁荣。**这样的繁荣，缺乏强大的设计支撑，缺乏拿得出手的品牌。**

琪亚拉的品牌之路，一方面源自她对互联网的敏锐嗅觉，另一方面，得益于意大利悠久的制造传统和时尚环境，有无数奢侈品牌的崛起经历可供借鉴，更重要的是可以找到优秀的设计师以及时尚品牌管理者。在琪亚拉模式里，时尚产业经过积累和完善，有充足的设计师资源、成熟的产业链和时尚环境，只要找准定位，跟上互联网发展，依靠自己的流量优势，就可以相对顺畅地培育一个品牌。

3 第三节 直播时代，网红被重新定义

2020 年的冬天，刚上市一年多的"网红第一股"如涵控股发出退市私有化的公告，曾经的头部网红张大奕的网红生命周期似乎走近尾声；另一边，直播带货如火如荼。

2010 年，成立 7 年的淘宝网注册用户达到 3.7 亿，成为中国乃至亚洲最大的电商平台，买家和卖家不断增多，对网拍模特的需求也越来越大，外形出色的淘女郎应运而生。2012 年，淘女郎总产值达 11 亿元，注册模特有近 3.5 万名，成为中国最大的网模基地，也因此孵化了中国互联网历史上第一波带货网红。

后来的"第一网红"张大奕在这个时期成为淘女郎。张大奕迅速走红，究其原因，是张大奕在微博分享服装穿搭，正好顺应了第一个网红带货时代的特征：以图文媒介为主。这种图文电商模式和围绕粉丝的运营模式，甚至重塑了整个服装供应链——传统服装厂从"大批量少款式"的模式，变成"小批量多款式"的模式，且具备快速返单能力。

2014 年，张大奕"吾欢喜的衣橱"在淘宝上线，通过微博粉丝引流，销量登上淘宝服装品类榜首。2015 年，杭州如涵控股成立，定位为"MCN + 电商 + 供应链"，试图复制更多的"张大奕"。

可惜的是如涵只看到眼前模式的成功，却未曾注意到互联网的迅速迭代，一种新的生态正在兴起。大约在 2015、2016 年，随着我国 4G 网络全面覆盖，直播行业迎来爆发，2017 年，淘宝直播和天猫直播合并，开始加速布局直播电商，与此同时，快手也上线直播电商功能。

上一代网红显然低估了直播的潜力，2018 年直播带货大爆发，李佳琦、

辛巴脱颖而出，初代网红已经错过了最佳的转型期。2019 年，终于认识到直播威力的张大奕转型直播带货，可成绩并不理想，销售额仅仅是李佳琦的零头。看上去，张大奕和李佳琦似乎都是依靠流量聚拢消费者，实现线上销售，但本质上他们从事的是两个不同的行当：网红模特和直播销售。模特主要竞争力是外形以及镜头感，能否通过个人肢体语言呈现商品特点，早期的模特以摆拍为主，甚至都不需要会说话。

而带货主播实际就是线上销售人员，外貌不是第一或必要条件，需要快速获取粉丝信任，并充分展现商品卖点，吸引粉丝购买。直播间话术、产品介绍、氛围营造、引导下单……这些都需要经过专业的学习和实践，在直播中不断调整自己的人设定位和直播节奏。

再者，无论之前有多少粉丝流量，一旦做直播带货未必能转化成实实在在的购买。从招聘各类主播的用工要求来看，排在前三位的招聘要求分别是亲和力（沟通能力、说服力、带动力）、才艺（唱歌、跳舞、器乐等）和个人特点（幽默感或独特气质等），其次是具备抗压能力，最后才是颜值。正如罗永浩所说，带货主播是线下零售引导销售、对线上销售的一个必要补充，它最终会成为所有电商平台的标配，这是一份互联网催生的新型职业，必然需要相应的从业技能和资格。

在这样的底层逻辑下，仅靠颜值和身材出道的网红已经没有出路，新一代网红需要更多凭借个性化人设和内容取胜。即使是靠内容取胜的 KOL，爆火的本质也有很大随机性，传播的螺旋会把谁送到流量顶端，存在很大未知。

在这方面美国服饰电商 Revolve 已经给出了范例。

Revolve 创立于 2003 年，面向千禧一代女性消费者，它从 2009 年就开始与 Instagram、脸书等社交平台上的 KOL 时尚博主合作，目前已经建立了一个由 2500 多名 KOL 和品牌合作方组成的社区。

Revolve 的合作网红基本只服务于入驻平台的服装品牌，这些小众品牌有很多是国外独立设计师的作品，在其他平台上很难看到。同时，Revolve 非常注重增强与 KOL 之间的黏性，深度介入消费者的日常生活，例如邀请网红举办各种聚会，共享潮流信息，在生活方式展现中做品牌露出与用户教育，吸引更多认同该生活方式的潜在消费者。

从本质上说，网红电商的核心竞争力体现在：平台有持续的红人孵化与留存能力，KOL 有持久的内容（意见、潮流等）输出能力。只是这样的方式，需要更长的时间去培育内容，也许会牺牲短期的转化效率，同理，如果只关注流量，可能会牺牲长远价值，这其中的利弊，需要如涵好好权衡。

第四节　粉丝就是网红的天使投资人

和其他带货网红完全不同的是，李子柒的"红"是出口转内销。当其他网红在各种直播间高声叫卖的时候，李子柒在 YouTube 斩获千万粉丝，视频播放总量达到十多亿次，成为平台上第一个粉丝破千万的中文创作者。李子柒的粉丝从开始就来自全球，无论在北美、欧洲还是东亚，都有成千上万的年轻人成为她的忠实粉丝。

李子柒的短视频，以中国传统美食文化为主线，用唯美的古风镜头语言，把农村生活描绘得如诗如画，唤醒了人们内心对桃花源式隐逸生活的向往，这种向往显然是无国界的，也正是这种对传统文化审美的自然演绎，让她收获了一大波粉丝。

比起李子柒的视频内容，更让人感兴趣的是她不同于其他网红的"特立独行"。新浪微博两千多万粉丝，Youtube 超过一千万粉丝，这样的流量如果她愿意接广告，在视频中植入带货，商业变现是非常可观的。但李子柒既不接广告，也不参与商演，切掉了一条巨大的收入渠道。很长一段时间，她在视频里做的美食让人垂涎欲滴，却始终没有出现像其他博主那样的"购买链接"。

直到 2018 年七夕，"李子柒旗舰店"才在天猫上线。上线三天，五款产品销售额就破千万元，在多个垂直品类获得销量第一。一边生产内容，一边创建个人品牌，李子柒爆红之后拒绝了大量广告投放，异常爱惜羽毛，把绝大部分精力放在视频的精耕细作上，当口碑积累到相当稳定的程度，才开始打造个人同名系列产品。

李子柒的视频内容获得了口碑和商业的双赢，也将粉丝流量顺利引向同名品牌产品。

李子柒天猫旗舰店的产品主要分三大类：第一类是香辣酱这样的调味品；第二类是螺蛳粉、红油面皮等速食品；第三类则主打美容养生，例如燕窝、藕粉、红糖姜茶等。大部分商品的制作过程都被拍成了短视频，每一个步骤都赏心悦目，成品令人垂涎欲滴。唯一的变化是视频最后出现的印着"李子柒"商标的玻璃瓶，辣椒酱一勺勺舀进瓶里，没有过多的品牌露出，一切都点到为止。

但这种"低调"并不妨碍产品销售的火爆。她在视频里几乎沉默不语，也没有广告语强调产品有多美味，就凭那些从容有序的节奏和古色古香的画面以及所展现的田园生活，网友会自动为产品添加无尽美好的想象。

不过，这种对产品的想象投射也可能成为一把双刃剑，一方面视频呈现出的精致制作过程、纯天然的制作食材，会让大众对产品形成强烈渴望，并迅速转化为购买；另一方面会让消费者产生过高期望，一旦某个环节不能令人满意，就可能产生巨大的反噬。

在李子柒的视频里，所有的产品原材料都是纯天然的，小螺蛳是河里捞的，桃花是树上采的，瓜果蔬菜是院子里自己种的，藕粉来自门前的荷塘，茶叶还裹着荷花的清香……这些元素是她的美食令人心动的重要原因。但显然，真正的制成品不可能用这样的方式来生产。

当消费者发现"李子柒螺蛳粉"其实是广西中柳代工生产的，桂花坚果藕粉来自杭州万隆，辣椒酱来自四川寇大香，和视频里的阳春白雪、十里桃花没有任何关系，价格却比代工厂同款产品贵了好几成……无疑会产生巨大的心理落差。

美食产品最重要的还是味道。老干妈创始人陶华碧的故事令人感动，其个人魅力不输李子柒，这么多年造就了品牌的独特性，能够成为一代人的下饭菜，靠的还是油辣椒"好吃得忘不了"。消费者也许会因为"李子柒"三个字产生购买冲动，冲动满足之后是否还会产生第二次、第三次购买？毕竟，这些产品也没什么特别，"李子柒"螺蛳粉、"李子柒"藕粉，不过是贴上标签的广西中柳螺蛳粉和杭州藕粉而已，既然如此，为何不直接买价格更便宜的后者？

李子柒的产品局限于食品，这是她和团队的正确选择，这与李子柒的创作内容紧密相关，更重要的是食品行业是一个利润巨大、品牌众多的大行业。在中国除了乳业、食用油等少数领域出现了个别大品牌，在大部分领域食品的品牌集中度都非常低，从事食品生产企业的管理水平和品牌意识都相对落后，这为后发者创建食品分类品牌提供了巨大的市场空间。

粉丝文化带来的流量红利只能支撑品牌建立的早期，粉丝就是品牌的天使投资人，而品牌打造则是一个相对漫长的过程，必须建立在产品上。 这种转换看似简单，实际上是一次痛苦的裂变，对网红和团队来说，是一次跨行业的重新创业，这也是国内其他网红热衷于带货，而不去打造产品和品牌的原因。

如果李子柒和 MCN 公司合作愉快，也许能打破中国网红只有流量没有品牌的"魔咒"，打造出一个具备长远发展潜力的商业品牌。但从李子柒与 MCN 后来的交恶看，这种可能性已经渐行渐远，令人唏嘘。

5　第五节　错位：明星走下神坛，草根走上红毯

长期以来大牌明星和著名品牌形成了固定的合作套路，国际大牌负责花大钱请来顶级广告制作人，操刀拍摄精美的电视广告大片，负责让明星上时尚杂志封面和接受专访，负责斥巨资在顶级酒店布置出富丽堂皇的场地召开新品发布会，明星就负责貌美如花、负责德艺双馨、负责谨言慎行、负责高高在上。

明星完美的艺术形象和人设给著名品牌背书，著名品牌给明星加分，双方一起努力，让普通消费者对明星的喜爱和信任投射在产品上，所谓的高级、奢侈、格调、品味就这样逐渐积累到品牌上，剩下的事就交给销售了。

这种完美的合作模式伴随着有声电影、电视和高质量彩色印刷的杂志而诞生，差不多已经有 100 年了。

中国时尚消费品行业也很快学会了这一国际通行的品牌打造和销售模式，直到三年前运作还是完美无缺。虽然有十八线小明星迫于生计在淘宝、天猫、微信群里卖起了产品，但人们从来没有想到，一线大明星也会"落魄"到去直播卖货的地步。

这是一个特定时期的短暂现象，还是 100 年来时尚消费品与明星合作套路崩塌的前兆？虽然现在还不能下结论，但从明星亲自下场卖货的尝试中，人们已经感受到明星们对原有模式崩塌的担心。

这边一线明星如此接地气地和人民群众打成一片，那边那些"上不了台面"的网红却登堂入室，和国际大牌牵起手来。美宝莲品牌在上海世博创意秀场发布会上，邀请50位网红做直播，2个小时直播卖出10060支口红，约等于142万元的销售额。

有人统计，超过90%的时尚消费品在品牌打造和营销时，都启用过网红。几乎所有的时尚及美妆品牌都经常向网红赠送产品，通过他们的自媒体让自己的产品曝光，这种植入式的行为已经成为一种日常的营销方式，越来越多品牌的广告预算流向了网红。

不光在国内，在全球范围内网红取代明星代言，直接在网上销售著名时尚消费品牌也正在成为潮流。著名的德国运动品牌彪马（Puma）一直使用欧美一线大牌明星代言，现在先后签约了Instagram上坐拥7000万粉丝的卡戴珊家族小妹凯莉·詹娜（Kylie Jenner）和21世纪网红超模鼻祖卡拉·迪瓦伊（Cara Delevingne），这一招让本来陷入颓势的彪马咸鱼翻身。

这种潮流逼迫明星放下架子去学做网红，但网红的专业度和特定的感召力却很难学到，这种错位来自于互联网时代和消费升级的同时到来又相互作用。

错位产生的原因如下。

传统媒体的衰落：时尚消费品领域的品牌和销售都高度依赖对媒体的广告投放，明星形象的塑造和露出也高度依赖媒体，尤其是电视和杂志，这是传统时尚行业"大牌＋明星"品牌打造和营销模式的基础。随着互联网社会化媒体的崛起，传统媒体的收视率和发行量已经大不如前。明星对传统媒体的依赖度很高，网红则完全不依赖。

网红的专业度：明星代言只能给品牌附加一种无法量化的感受，这种感受有多少能够转化成购买行为，实际上商家完全没有办法确定；网红却能够将产品明确地展示给消费者。

网红和粉丝的强关联：网红强大的带货能力，在于网红和粉丝有着高度的黏性，高度的互动，粉丝对网红的人品和营销的产品品质有着高度的信任感，这种强连接的带货效果远远大于明星代言和产品若即若离的关系。

 ## 第六节　大牌的下沉，网红的逆袭

20 多年前，第一次走上戛纳红毯的中国演员是红透华语世界、在国际影坛也大名鼎鼎的中国电影一姐——巩俐。20 多年的时间里巩俐走了不下 15 次戛纳的红地毯，"巴黎欧莱雅，你值得拥有"和超级影星巩俐捆绑在一起，定义了欧莱雅在中国的地位。

然而，事情逐渐起了变化，越来越多和电影无关的流量明星，挤进了戛纳的红地毯，20 年过去了，戛纳电影节还是那个电影节，欧莱雅也大体还是那个欧莱雅。**这 20 年变的是中国的整体消费能力，变的是中国消费者结构，变的是互联网对品牌打造和营销策略的颠覆。**

1997 年，欧莱雅成为戛纳电影节的长期合作伙伴，此后陆续有中国艺人来戛纳走上电影节的红地毯，从巩俐到李冰冰。李宇春的加入让粉丝们有点不太适应，没想到，让他们不适应的还在后头。

自李宇春之后，跟随欧莱雅来到戛纳电影节的中国明星，和电影越来越无关，他们共同的特征是流量、流量、流量。欧莱雅的新晋代言人是清一色的流量明星，1000 万粉丝成为欧莱雅代言人的门槛，和他们演没演过电影、票房是多少、有没有获奖无关，而流量和销售直接相关。

李佳琦有没有走红毯的资格？"口红一哥"李佳琦并非纯粹意义上的草根逆袭，是欧莱雅品牌下沉战略最重要的组成部分，李佳琦走红背靠的是欧莱雅"BA 网红化"项目。2015 年大学毕业后，李佳琦成了江西省南昌市的一名欧莱雅 BA（化妆品专柜美容顾问），其实这就是售货员的雅称。艺术专业本科四年后当上名牌化妆品的售货员，在世俗的眼光看来，无论如何都是一种"低就"。

本着干一行爱一行的古训，李佳琦开始尝试用自己的嘴巴为顾客试色，练就了一套让女孩子毫无抵抗力的销售话术。2016 年底，一家网红机构提出"BA 网红化"的策略，正在寻求品牌下沉路径的欧莱雅集团，尝试举办了"BA 网红化"的淘宝直播项目比赛，李佳琦自然脱颖而出。在欧莱雅的大力扶持下，2017 年，李佳琦一举拿下了当年淘宝直播盛典的头号主播。

李佳琦为欧莱雅直播数百场，获千万观看人次，带给欧莱雅过千万元的直接销售额，2018 年 12 月相继开通抖音、小红书、快手等社交账号。李佳琦从南昌的美妆售货员一跃成为大众明星，虽然没有演过一部电影、唱过一首歌，但他凭借"omg"成为戛纳电影节的明星。

靠做染发药水起家的欧莱雅是全球最著名的化妆品品牌，创办于 1907 年。除了巴黎欧莱雅，美宝莲、兰蔻、赫莲娜、碧欧泉、薇姿等都是欧莱雅旗下品牌，因此，欧莱雅一直使用一线大牌影星作为其代言人。现在欧莱雅的代言人换成众多年轻的流量明星，不仅仅是代言人的自然迭代，也是其下沉市场布局的战略方向。欧莱雅和其他美妆大牌都意识到，下沉市场才是他们根植中国市场的未来。

 ## 第七节　小镇青年：奢侈品的未来

美妆大牌在三四线市场一直没有做下去，根本原因在于渠道，而直播、社交媒体等数字化平台为美妆品牌提供了更广阔的舞台。根据天猫公布的 2019 年"618"战报，六线城市通过直播网购成交的占比接近了一线城市！所谓六线城市就是中国的县城，这意味在这个品类上，仅六线城市的消费能力就已直追北上广！

在传统柜台销售市场，一线大牌根本无法下沉到县城。此时，谁能带来流量，谁就能带来销量。关于下沉市场与小镇青年的分析很多，总结起来都是一句话：年轻人的钱多了。

现在在中国的一线城市，一个大学本科毕业生入职时月薪会达到六七千元，但在中小城市也会达到 3000～4000 元，当然每个年轻人都会觉得自己没钱，觉得自己很穷，但是实际上现的二、三、四线城市的年轻人，他们的收入水平比十年前的一线城市要高得多。

所谓的下沉市场，所谓的小镇青年，其实其消费能力已经相当于一线城市十年前的消费水平。他们的闲暇时间更长，而闲暇时间是互联网时代的宝贵资源。移动互联网的普及，让年轻人可以随时随地上网，在做指甲的时候，在烫头发的时候，在一起吃火锅的时候，在酒吧喝酒的时候，手机都不停，会产生非常多的消费。

对于消费品品牌，如果现在还在提"下沉"这个词，说明它对于商业的变化和认识是不到位的，潜意识里还认为这是一个不那么理想的、不得不去做的市场。在发达国家，大城市和小城市在消费品上的人均支出是差不多的，中国正在经历这个过程。从时尚品牌的角度来看，以前品牌是由传统媒体和演员及娱乐明星所构架出来的，现在这一路径正在崩塌的过程中。

年轻一代的消费需求已经发生了很大的变化，影响他们选择的媒体环境也发生了根本性的变化。比起传统影视明星，网红对年轻一代的消费影响更大，尤其是在所谓的"下沉市场"。

对于流量明星们走上戛纳电影节红毯，老一代消费者还在耿耿于怀，但对欧莱雅来说这从来都不是一个问题，把产品卖给更多的消费者获取更多的利润，从来都是最自然的选择。在早期进入发展中国家时，时尚品牌把市场定位在精英阶层，历经 20 多年的变化，除了少量顶级奢侈品，大部分时尚品牌终究会走上大众化这条道路。

第十一章

打造 IP 娱乐业的
金手指

无论是芭比娃娃还是泡泡玛特，它们不仅创造了一种新的商品门类，也创造一种新的商业模式，这种模式的底层逻辑是，将玩具的销售过程游戏化，打造 IP，消费者在购买时获得的体验感，远远超出了其功能性。

这些经典角色和商业运营巧妙结合，形成了娱乐业独一无二的迪士尼模式。当今娱乐业的所谓围绕核心 IP 开发产品的商业模式，均来自迪士尼，几乎每一个成功的角色，都会带来一系列在主题公园、周边产品和附属续作上的进一步运营。

 第一节 玩具 IP 化：从芭比娃娃到泡泡玛特

不管是否真的理解其中的逻辑，作为一种商业品类，"潮流玩具"开发和售卖的商业模式，已经因为泡泡玛特的快速崛起而建立起来。一家贩卖塑料玩偶的零售企业，是靠什么撬开了上亿元的市场？这种模式可持续吗？

泡泡玛特的初期门店中，除了玩具还有家居、数码、零食等八个品类。转折出现在 2015 年，通过内部数据分析发现，玩具品类保持了高速增长，几乎占到销售额的 50% 。更有趣的是，购买玩具的消费者会到官方微博去留言，用户之间也时常发生互动。就在那一年，泡泡玛特大刀阔斧清掉了其他品类，只留下潮流玩具，自此成为一家潮玩公司。

潮流玩具起源于 20 世纪末的香港，也被一些人称为艺术玩具（Art Toy）或设计师玩具（Designer Toy）。它和手办不太一样的地方是，手办大多依赖动漫、书籍、电影等已有 IP，比如蜘蛛侠、海贼王，消费者的购买通常出于对人物原型的喜爱。潮流玩具则没有这些著名 IP 的基础，只有源于设计师的灵感和创造，潮玩也不像手办具有设定的故事背景，因此，设计本身就成为购买的主要理由。

近几年，随着二次元文化的兴起，包括潮流玩具等在内的"二次元"的核心用户迅速增长，泡泡玛特算是赶上了这个风口。2016 年 1 月，泡泡玛特在微博上向粉丝征集喜欢的玩偶，数百条评论中，50% 的人都提到了 Molly。

Molly 是由一位香港设计师创作的一个小女孩形象，拥有湖绿色的眼睛、金黄色的卷发，噘着嘴看起来好像有点不高兴。Molly 当时只是泡泡玛特采购的商品之一，发现她的潜力之后，团队很快签下了 Molly 的设计师，开始进行 IP 开发。同年，泡泡玛特推出 Molly 星座系列（Molly Zodiac），开卖当日，200 套产品在 4 秒内售罄。这其中的奥秘，来自泡泡玛特之后最重要的销售模式——盲盒。

盲盒并非泡泡玛特的首创，但它一直是潮玩最核心的玩法之一。日本的扭蛋玩具，我们小时候吃小浣熊干脆面集的卡，《阴阳师》的抽卡，都属于盲盒的玩法。

盲盒的玩具通常以系列的形式出现，在拆盒之前消费者无法判断会获得哪一款玩具，因此，它既有未知的赌博感，也能刺激消费者的"收集癖"。在潮流玩具展会上，经常有人在展会的角落疯狂地拆盲盒，并不时发出惊喜的尖叫。同时，收集和收藏的愿望也提供了后续交易的可能性。抽盲盒很难集齐所有款式，希望收集全套或想要心仪款式的买家，便会进行二手交易。盲盒玩具本身的价格相对低廉，但如果抽到稀有款，可以用超出原价几倍的金额卖出，这对消费者而言也是一种鼓励。

泡泡玛特虽然不是盲盒的首创者，但在国内它应该是盲盒玩法的主要推手，也是最早对盲盒玩法做规范化的团队。泡泡玛特通常会按照不同的系列推出盲盒，例如十二星座等，每个系列的数量为 12 只。

盲盒的价格设置也非常微妙，相比手办便宜不少，是消费者花点小钱就能获得的"小确幸"，这也缩短了消费者做决策的时间。因为盲盒的概率问题，人们往往会买到相同的人偶，然后互相交换，这就衍生出潮流玩具的流通和社交属性，同时也帮泡泡玛特积累了核心粉丝。

在泡泡玛特销售盲盒前期，门店的导购会邀请购买盲盒的消费者加入微信粉丝群。每一位店长都管理着 1~3 个 500 人左右的微信群，当有新品上市时，店长会在群内发图片做宣传，同时也让用户有一个平台，可以交流爱好，互换玩偶。在这样的互动中，核心粉丝越来越多。

"从传递商品到传递情感，从输出产品到输出娱乐。"依靠盲盒这种营销模式，泡泡玛特的业绩一路飙升。然而，这样的模式是否能长久支撑公司的发展？

第一个挑战来自 IP。前面提到过潮流玩具与手办的区别，手办依托于影视动漫作品，IP 可以无限衍生，能够同时拥有多个热门形象。美国著名的手办公司 Funko Pop，就拥有星球大战、复仇者联盟、哈利·波特等 5000 多种热门影视授权 IP。

相比之下，潮玩更依赖于设计本身，而原创设计周期更长，推陈出新的速度相对慢，设计师灵感也容易枯竭。潮玩属于流行文化，既然是"潮"，就是易变的，当新的热点出现，老的潮流就会消退，如果大 IP 热度衰退，由于头部效应，新的 IP 无法复制这种偶发性的文化现象，危机就会出现。20 世纪

90 年代，小浣熊干脆面的水浒卡盛极一时，之后，便再也没有能力推出同样火爆的产品。

第二个挑战则来自盲盒，它最重要的两个特性——赌博感和收集癖，都存在隐患，如果得不到良好的维系，整个营销所依赖的逻辑便会崩塌。盲盒的赌博感让消费者上瘾，也带来了政策风险。手机游戏很多都存在扭蛋抽卡机制，在监管部门的要求下需要披露物品出现的概率，保证一定程度的透明。泡泡玛特盲盒最大的赌注在于隐藏款，泡泡玛特并没有公开具体数值，根据玩家的统计，隐藏款出现的概率为 1/144，也就是说平均要买 12 盒整套的盲盒才能抽出来，而 12 整盒的价钱为 8496 元。

这是一个两难：如果明确公布概率，那盲盒的意义就会大打折扣；如果概率不透明，又容易引起舆论和消费者不满，可能引起监管部门注意。

1959 年，露丝·汉德勒创造了芭比娃娃，同样不依赖于影视 IP。芭比娃娃迎合了女孩更加渴望成年女子穿戴的潮流。而在中国，泡泡玛特也成功地卡准了青年人精神儿童化的脉动。无论是芭比娃娃还是泡泡玛特，它们不仅创造了一种新的商品门类，也创造了一种新的商业模式，这种模式的底层逻辑是，将玩具的销售过程游戏化，消费者在购买时获得的体验感，远远超出了其功能性。

当热潮退去，泡泡玛特的市值也在快速下跌，但泡泡玛特的雄心显然不小。泡泡玛特与北京朝阳公园达成合作，未来将打造集潮玩 IP、文化传播、沉浸式体验、休闲娱乐于一体的潮流文化乐园。

2　第二节　商业模式就是生活方式的延伸

建立主题公园的灵感，来自沃尔特·迪士尼带着两个女儿去公园游乐场的经历。20 世纪 40 年代的美国，每个城市公园都会有一个由旋转木马、跷跷板、秋千等游乐设施组成的儿童游乐区。从 20 世纪开始，这种儿童游乐园逐渐成为全世界现代城市的标配。

迪士尼带孩子去儿童游乐场玩，但这里的环境喧嚣嘈杂、卫生糟糕、设施简陋、工作人员态度粗鲁。虽然女儿们玩得很开心，可他很不满意，建立一座面貌全新、截然不同的游乐园的想法萌生出来。

把这些年他一手创造出来的动画形象和儿童游乐场结合在一起，将是一番怎样欢乐而梦幻的场景！这个想法在他的内心不断长大。主题乐园，一种从未有过的商业模式的雏形，在迪士尼的脑中搭建起来。

1948 年，迪士尼把设计乐园的任务交给了电影场景设计师迪克·凯尔西，这份计划最初叫"米老鼠公园"，预计建造在一处 8 英亩大小的空地上。随着设计的推进，迪士尼对这座乐园的想法越来越多，很快原来的那一小块地根本就没有办法装下他的梦想了。

本来想的是搞一个儿童游乐场，但设想逐渐变成了一座微型城市，那里不再仅仅是一个儿童的游乐场，而是一个远离现实的梦幻之地。在迪士尼的想象中，游乐园应该是一座浪漫的小城，一处让人怀旧和欢乐的胜地，一个与现实世界的丑陋形成鲜明对比的世外桃源。他想让人们觉得身处另外一个世界，钟表在这里没有意义，这里没有现在，只有昨天、明天和永恒的幻想。

这个过于宏大的梦想，吓坏了迪士尼的哥哥也是合伙人罗伊，他咬咬牙说，公司最多只能预支 1 万美元给迪士尼。他初步估算建造游乐园至少需要 1000 万美元，但没有一家银行愿意贷款给他。

如何才能弄到这样一大笔资金呢？迪士尼想到，公司拿着这些年他的作品和正在蓬勃发展的电视行业合作，或许是解决资金问题的一条路，他把寻求资金的目光投向了新兴的美国三大电视网。他知道，电视网对迪士尼系列产品垂涎已久，而迪士尼牢牢控制着其影片的电视播放权。他提出的条件是谁愿意为迪士尼乐园的建设投资，就能优先得到迪士尼动画等系列产品的电视播放权。沃尔特·迪士尼首先找到了全国广播公司和哥伦比亚广播公司的总裁，与他们周旋了几个月后无功而返。这时，美国广播公司的老板主动打电话过来，希望进行谈判。作为当时三大电视网的小弟，美国广播公司更迫切地需要优质的电视节目。

谈判的结果，美国广播公司只肯投资 50 万美元，但可以为迪士尼公司提供 450 万美元的银行贷款担保，交换条件是取得迪士尼乐园 35% 的股份，还要获得十年内在游乐场供应食品的全部利润；此外，每个星期天晚上要为美国广播公司提供一段长达一小时的迪士尼节目。

1955 年 7 月，迪士尼乐园终于建成并对公众首次开放。开园之前，迪士尼把提供给电视网的节目变成了迪士尼乐园的广告时间，亲自上阵做电视主持人。乐园的开业引发了全国电视台的直播，8300 万人观看了开幕式。只用了 6 年时间，到 1961 年底，迪士尼就还清了打造迪士尼乐园所欠的银行债务。

迪士尼让自己的名字成为公司的名字，成为一个代表着欢乐、梦想和美满家庭的特殊符号，更成为之后电影和文化产业通行的商业模式。在迪士尼准备退居二线的时候，他郑重地告诉继任者肯·安德森："你刚来公司不久，我想你应该明白一件事，我们这儿销售的是沃尔特·迪士尼这个名字，如果能始终牢记这一点，你在这里会很愉快，但如果想让你的名字盖过他，你最好现在就离开。"

其实，商业模式就是人们生活方式的延伸，什么样的生活方式必然会孕育出什么样的商业模式。

3 第三节　家庭娱乐：迪士尼不变的品牌底色

到了20世纪50年代，随着威利船长、米老鼠、唐老鸭和白雪公主的家喻户晓，迪士尼公司的名声如日中天。沃尔特·迪士尼在商业上的才思敏捷和远见卓识，已经远远超出了一个动画电影制片人和导演的能力范围。他是第一个建立动画人物IP，靠出售动画周边产品赚钱的人；也是第一个拍摄动画长片的人，突破了以往动画片都是以短片的方式在故事片前加映的模式；又成为主题游乐园这一前所未有的商业模式的创立者。

从最早的动画片开始，迪士尼电影就建立了自己的风格特点，有着鲜明的品牌印记。迪士尼动画中有一大部分改编自经典童话：《白雪公主和七个小矮人》《木偶奇遇记》《美女与野兽》等，包括后期的《花木兰》《人猿泰山》等，都是来自全球各地的神话或传说。

迪士尼公司将这些经典故事改编后，使其迎合了美国社会追梦、家庭、友谊、冒险的主流价值观，"家庭娱乐"成为迪士尼绝不动摇的品牌定位。迪士尼创造的娱乐可以被各代人所共享，永恒的故事总是给人们带来欢乐和启发，迪士尼公司的娱乐体验总是向人们宣传希望和乐观，这让迪士尼的品牌能被全世界不同年龄的观众毫无门槛地接受。20世纪80年代，迪士尼动画片《米老鼠和唐老鸭》在央视黄金时间播出，播出时万人空巷。

这些经典角色和商业运营巧妙的结合，形成了娱乐业独一无二的迪士尼模式。当今娱乐业的所谓围绕核心IP开发产品的商业模式，均来自迪士尼公司，几乎每一个成功的动画角色，都会带来一系列在主题公园、周边产品和附属续作上的进一步运营。

迪士尼乐园将"家庭娱乐"的理念发挥到了极致。通过银幕形象和主题乐园，迪士尼培养了一代又一代的消费者，这些粉丝又把他们儿时的记忆传递给下一代，消费者代际相传，不断支撑着迪士尼的发展。

在长达 100 年的时间里，迪士尼的品牌不断积累，成为其商业模式的防火墙，到目前，迪士尼公司是好莱坞唯一没有被收购过的电影公司。迪士尼公司最大的资产其实不是迪士尼乐园的项目和好莱坞的摄影棚，而是可传承、可发展、可持续的品牌。

第四节 依托 IP 不断迭代

成立将近百年，迪士尼总是不断进行商业模式和品牌的迭代，每一次都能踩准点，成为娱乐业的开拓者和引领者。疫情中，迪士尼主题乐园被迫关闭，电影撤档，市值蒸发。即将百岁的迪士尼公司，正在开启第四次转型；结果，我们拭目以待。

衰退并不意味着全面溃败，每一次崛起都是在危机中孕育的。大萧条时代造就了娱乐产业的极盛，迪士尼这一娱乐帝国，便是那个时代的奇迹之一。

1935 年，全球陷入深重的经济大萧条，《纽约时报》发表了一篇名为《米奇充当经济学家》的报道。"最新的赞美是送给大企业家米奇的，他是世界上的超级推销员，他为失业者找到工作，他将公司从濒临破产的境地救出。无论他在何处奔走，希望的曙光都会穿破云层……他让全世界的人在无精打采的时刻也能放声大笑。"

米老鼠（米奇）是迪士尼最经典的卡通形象，诞生于 1928 年迪士尼公司制作的第一部有声动画片《蒸汽船威利》。在大萧条时代，这只机灵、可爱、喜欢恶作剧的米老鼠，给人们带来了欢乐，也开始为迪士尼构筑起强大的品

牌效应。从那时起，迪士尼公司依托内容 IP 这一核心，经过从电影到主题乐园再到广播电视三次完美的品牌迭代，一步步打造出庞大的娱乐帝国。

电影之路始于迪士尼的动画工作室。1923 年 22 岁的沃尔特·迪士尼从老家堪萨斯农场来到好莱坞闯荡，在找一份工作的尝试失败之后，他和哥哥一起成立了自己的动画公司，之前的几部片子都不太成功。米老鼠的灵感就是来自刚到好莱坞时，租住在廉价旅馆的阁楼上，午夜时的各种响动让睡不着的迪士尼脑补出老鼠社会的各种情节。

米老鼠爆红之后，迪士尼再次孤注一掷，投入巨资打造了《白雪公主》，不仅开创了剧情类动画长片的艺术形式，也收获巨大的商业利益。《白雪公主》在 1937 年创下全球 3.63 亿美元的总票房奇迹。

随着一系列经典动画形象的成功，迪士尼顺势开启了主题乐园。自 1955 年在加利福尼亚州开设第一家迪士尼乐园，至今运营的有六家，分布于美国加利福尼亚州、奥兰多，法国巴黎，中国香港、上海以及日本东京。

在沃尔特的战略构想中，电影始终处在中心位置，主题公园、周边商品、音乐、出版物和电视节目环绕四周，产品之间相互补充促进。

沃尔特去世后公司一度偏离轨道，迪士尼动画进入低谷，被真人电影大幅赶超。整个 20 世纪 80 年代，公司只能通过再版经典如《灰姑娘》和《小姐与流氓》来弥补空缺。不久，迪士尼公司看到电视行业对娱乐业的主导作用，果断杀入电视渠道，迎来了自己的第三次迭代。1984 年上任的 CEO 艾斯纳推动迪士尼公司的多项改革，其中便包括对美国广播公司和 ESPN 频道的并购，其中对美国广播公司的并购被巴菲特称赞为"世界上最好的媒介产品公司与世界上最强的媒介渠道公司的结合"。至此，迪士尼公司确立了娱乐帝国的四大支柱——媒体、主题乐园、影视和衍生品。

在迪士尼帝国版图的扩张中，并购是其最重要的战略。2006 年，动画制作业务陷入低迷，公司以 74 亿美元收购了皮克斯工作室；2009 年以 42 亿美元收购了漫威工作室，将漫威超级英雄这一大 IP 攥在自己手中；2012 年，斥资 41 亿美元收购了卢卡斯影业，获得星球大战的 IP 所有权。可以说最能引发全球影迷轰动的动画、超级英雄和科幻内容，都被迪士尼公司收入囊中。

迪士尼公司最近一次收购发生在 2019 年，通过收购 21 世纪福克斯，迪士尼公司不仅获得了阿凡达电影 IP，6 部《星球大战》的发行权，还将持有 Hulu60% 的股份，真正掌握了这家美国第二大的流媒体平台。

流媒体和网络，正是迪士尼公司第四次品牌迭代的重心，不过这回似乎不如之前那么顺利。迪士尼公司虽然早就看到了网络媒体的成长空间，但动手却慢了半拍。迪士尼公司的流媒体业务 Disney + 于 2019 年下半年推出，如 CEO 罗伯特·艾格所说，流媒体代表的是"与客户更加直接的关系"，包括能够提供更加个性化定制的体验，新的货币化方式减少了中间环节，从而直接接近客户。这是迪士尼公司数字化转型至关重要的一役。

Disney + 最大的优势是迪士尼公司的独家 IP 内容，其内容将整合公司旗下的迪士尼、皮克斯、漫威、星球大战，以及包括国家地理在内的 21 世纪福克斯旗下的内容，服务价格将大幅低于网飞。

迪士尼公司已经计划陆续从包括网飞在内的其他流媒体平台撤下其 IP 作品，独家上映由迪士尼和皮克斯出品的影片，包括定档 2019 年的《玩具总动员 4》《冰雪奇缘 2》和真人版《狮子王》等。2019 年年底之后，公众只有在 Disney + 视频服务中才能看到漫威和《星球大战》系列电影。

但除此之外，Disney + 似乎没有其他好牌可打，它已经失去了做行业领头人的机会：网飞稳坐流媒体之王的位置，如今已有近 6000 万的订阅量，并制作出奥斯卡水平的影视作品，例如 2013 年大热的《纸牌屋》。亚马逊也不遑多让，《海边的曼彻斯特》赢得了极佳的口碑，《了不起的麦瑟尔夫人》则获得了艾美奖喜剧类最佳剧集奖，使它成为第一个获得此奖项的流媒体。

Disney＋虽然拥有众多IP，但在原创剧集的打造上，远远不及网飞，内容的丰富程度也不在一个水平。多次领跑之后，迪士尼公司似乎显出疲态。还有一个问题是迪士尼公司不得不正视的：流媒体盈利艰辛已不是秘密。以中国为例，几大网络视频巨头至今仍没有盈利。网飞虽然实现"账面盈利"，但现金流却是负的。也就是说，迪士尼公司的流媒体业务并不能即刻缓解传统业务遭受的冲击。

第五节　IP 创新，依托技术与机制

20 世纪绝大部分新的商业模式出现在美国。

第一个原因是美国引领了第二次和第三次工业革命，在电气化和信息化的过程当中，作为一个后发国家，美国成为整个世界经济发展的引擎，引领了新科技的发展。没有电气化的支撑，仅仅靠动画人物的 IP 是无法支撑迪士尼乐园的，那些巨型游乐设施和声光电的营造，完全依赖于先进的电气化技术和工业制造能力。同理，没有由电冰箱打造的冷链和廉价的对讲机，也不会有麦当劳和肯德基的出现。

第二个原因是美国庞大的人口基数所形成的庞大市场，这样一个单一货币、单一语言所形成的巨大的市场，为新的商业模式的成功提供了一个基础性的条件。只要有人尝试新的模式，总是能够迅速在全国遍地开花，获得非常大的规模性成功；同时美国又是全球经济和文化的领头羊，在美国获得成功之后，依托美国文化优势，又在全世界进行复制。

第三个原因是美国商业模式创新更容易获得资本的支持。20 世纪 70 年代

纳斯达克成立的时候，是一个以科技股的上市为主要目标的证券市场，后来增加了商业模式创新公司的门类。因为能够产生规模优势，商业模式的创新就会受到资本的青睐，星巴克、开市客等看似和科技无关的公司都选择了纳斯达克。在纳斯达克成立之前，美国资本对于新商业模式的支持也相当广泛。

和欧洲以银行固定收益为主的融资方式相比，美国从 19 世纪后期开始，投资银行就占据了重要的份额并不断增长。商业模式得到了初步验证，总是能够很快地上市，通过上市获得巨大的融资，因为低廉的融资成本，加速了商业模式的推广。

第四个原因和美国企业家的创新精神相关。作为欧洲文化的变种，新大陆的文化变异，形成了一个对商业更友善的环境。在欧洲大陆虽然也产生了很多伟大的企业家，但由于贵族势力的存在，企业家作为一个群体并没有自然成为主流社会的中坚力量；在美国，通过资本主义，通过建立庞大的企业组织，通过个人奋斗来获得财富是天然的主流价值观。所以在技术和商业模式创新方面，在商业的进取心方面，欧洲被美国所取代。

美国学者哈罗德·埃文斯认为，创新甚至是美国人一种独特的品质，他着重强调了发明和创新的不同，**实用性创新是让美国领先的首要原因，而实用性的要义就是谋求最大规模的大众化应用。**

迄今为止，无论是产品还是服务，无论是技术创新还是商业模式创新，美国企业的创新几乎都是朝着让产品和服务更加便宜、更加大众化、更能改变普通人的生活方式发展的，很少有美国企业走欧洲企业追求精品化、奢侈化、个性化的道路。

这种建立在美国文化和工业化发展基础上的商业进化选择，自然是基因和环境双重作用的结果，基于大众化思维的商业模式更有可能催生世界级的大公司。

6 第六节 网红气质难成商业模式

深圳文和友开业，排队排到了 4 万多号，堵了整整一条街。在餐饮界，如此盛况已经多年不见。之前，文和友已经在长沙火爆多年，但长沙之外知道的人并不多。

长沙文和友是一个有主题公园痕迹的美食城，因为重现了 20 世纪 80 年代长沙的街景，打造出自己的独特竞争力。开业三年，每天接待 2 万名顾客，成为长沙的新地标。文和友究竟做对了什么？这样的"对"能否被复制？如其所宣称的愿景，它真能成为迪士尼公司那样的吗？

文和友的餐饮内容，都是长沙的街头小吃，从利润方面考虑，小吃其实是餐饮中最赚钱的品类，不少餐饮品牌的前身都是小吃摊。出身决定了餐饮是"文和友"的基因。和一般小吃摊业主不同，文和友还往前走了一步，给小吃嫁接了"市井文化"这个营销噱头，为品牌加入文化价值。

2018 年，超级文和友在长沙海信广场诞生，被称为餐饮界的"全新物种"。总计七层楼，超过 2 万平方米的占地面积，将 20 世纪 80 年代老长沙的街景悉数搬了进来。80 后、90 后儿时记忆中的溜冰场、养猪场、录像厅、洗脚城，被一一还原，斑驳的墙壁，晾晒在阳台外的丝质碎花衬衫，红双喜搪瓷缸……许多老物件都是从民间搜集而来，浓浓的年代感击中了消费者的怀旧情结。文和友还设立了一家美术馆，每年做 4~6 期本土文化展览。

种种经营布局，似乎都昭示着文和友进军文化产业的决心。**卖食物还是卖文化？——或许都不是。**文和友在"超级文和友"中扮演的身份，实际上是一个"二房东"。在选址上文和友的逻辑依然是尽量挨着热门商圈，但不去超高成本的中心地带，而是自己成为中心。

文和友引入商家有三条标准：第一，以老字号为主，存在时间通常不能低于 10 年；第二，不接受连锁品牌；第三，生意要好，以 3 个月为阶段，如果商户营收过低就会被替换。文和友的消费群体大都为年轻人，从餐饮口味到营销手法，都非常年轻化。微信、微博、抖音，也成为文和友最主要的营销阵地。文和友抓住的是"打卡拍照"这个简单易行、传播度又极广的网红类别。超级文和友与其说是一座美食城，不如说是一个拍照打卡的"景点"。

新开设的深圳文和友，除了就餐路线，还有一个游览路线。重重叠叠的垂直招牌，营造了电影中的不夜城效果，各种逼真还原的年代场景，都可以成为拍摄道具，加上当下流行的复古感和所谓的"情怀"，完全戳中了网红们的"痒点"，整个商场就像一座摄影棚，角角落落都能拍出大片。

长沙文和友成功之后，开始走上扩张之路。2020 年进军广州，2021 年 4 月，深圳店开业，超过 5 万人排队，声势浩大。看上去文和友要把长沙的成功复制到底，问题是，这样的模式能够复制成功吗？

文和友的目标是以长沙海信广场店模式为基本雏形，在广州、深圳、北京、上海、香港、洛杉矶等一线城市开 10 家超级店。对于资本投资而言，可规模化复制的商业模式至关重要。文和友的模式在长沙的本土化做得很到位，流量也非常大，但很难说创造了可规模化复制的商业模式。

文和友的愿景是"成为中国美食界的迪士尼"，这艘打着"市井文化博物馆"旗号的餐饮旗舰，正拖着庞大的身躯，试图扩展更宽广的商业版图。"网红"文和友想要变成"迪士尼"，光靠排队人数是远远不够的，还有许多问题需要去寻找答案。

文和友目前的颓势和当时的火爆形成巨大反差，也和自身持续模糊且摇摆不定的战略有关。文和友在长沙越做越强是因为它本身具有这座城市的浓厚基因，包括美食基因、文化基因、城市基因，是这种市井文化的组装者而非创造者，它根本没有创造任何文化 IP，把自己定位为餐饮界的迪士尼，扯得有点远，也干扰了发展战略。

在各地开办文和友，看上去和迪士尼乐园有相似之处，实则是一种低成本的复制，是长沙文化与当地文化生硬的叠加，结果造就了一些不伦不类、品质粗糙的大杂烩。文和友从一开始就带有浓厚的"网红餐饮"气质，网红的本质就是速朽的 IP，这种网红打法只可作为临时性的促销手段，难以成为商业模式的支撑。

无论餐饮业还是其他行业，网红打法都只能是锦上添花。流量固然重要，但稳固的根基永远是好的产品、优质的服务和体验。

第十二章
数字时代：
捷径与边界

在服务业，几乎所有能想到的领域都被互联网占领。最近几年互联网从业者不得不把他们的创业边界向外延伸，**已经超越了互联网企业商业模式的边界，在一些行业互联网带来的效率增长已经不再明显。**

互联网通过信息沟通显现的高效，并不能无限制地体现在所有的商业领域中，在服务行业已经很难再通过互联网的使用，让这个行业发生根本性的变化。

那些依然宣称带着互联网基因对传统行业进行降维打击的创业企业，当它们真正进入这些行业时会发现，互联网优势并不能覆盖经营的所有环节，它们只能被迫进入自己既缺乏认知又缺乏经验的领域。

1 第一节　闪电式扩张，有前提有条件

作为"二房东"生意的从业者，蛋壳公寓号称打造"互联网＋房产＋金融"的发展模式，是一家以数据驱动为核心，提供高品质租住生活的资产管理和居住服务平台，满足都市年轻白领的居住需求。

和众多的互联网平台一样，"闪电式扩张"是这家公司的基本信条。

这种被称为"闪电式扩张"的互联网公司创业模式广泛流传，也被创业者和投资人所膜拜。硅谷投资人里德·霍夫曼在《闪电式扩张》一书中，对这种商业逻辑进行了深度阐释。他把闪电式扩张定义为：面临不确定性时通过有目的、有意识地去做传统商业思维认为没有意义的事，从而获得超高速增长。

租房市场尽管有无数被人吐槽的痛点，但"二房东"模式从来没有成为主流的商业模式，因为"二房东"实在是一个不好干的营生。"二房东"需要以长租的方式从房东手里获得转租权，需要承担房子不能及时出租的巨大风险，需要动用资金对房屋进行重新装修，由于房源来自不同年代不同户型，施工成本大大提高。

"二房东"的商业模式同时兼具重资产、重运营、高风险、深沟通的特点，这四条恰好与基于互联网的商业模式的一般原则完美相悖。但依然有创业者和投资人抱定了互联网颠覆一切的执念和雄心，毅然决然地杀了进来。

2015年初蛋壳网开始了创业征程，此时特大城市和大城市的房价已经一飞冲天，大量的年轻人不断涌入这些城市追寻梦想，房东的漫天要价和不守信用、住房装修的陈旧和简陋、租房"压一付三"的沉重压力、高昂的中介费和与之不匹配的服务，这些都成为每个租房者的体验痛点。

用互联网思维改造这个行业，就是想让交易变得更加方便和透明，让租客住得更加舒服，让租房过程更加简单。在互联网思维改造一切的氛围下，甚至在相当传统的餐饮行业，互联网从业者也建立起无坚不摧的自信，很难有人去质疑"二房东"在商业模式上的硬伤。

在蛋壳创业之前，链家的长租公寓模式自如已经运营了三年，一些传统的租房中介也都开始尝试长租公寓模式。蛋壳公寓以互联网公司的姿态杀入这个行业，和依托线下实体店的自如长租公寓不同，蛋壳把没有线下实体店作为自己互联网企业的突出特征。

蛋壳公寓很快得到资本的青睐，刚成立四个月就获得数千万元 A 轮融资，有的投资人见面只聊了 20 分钟，"甚至都没有特别仔细地看蛋壳的计划书"，便砸下数亿元 A＋轮融资。有了资本的加持，蛋壳公寓迅速扩张，员工从最初 3 个人到超过 5000 人，从最早租下的 1 套房发展到 40 万间房。2020 年 1 月 17 日晚间，蛋壳公寓成功登陆美国纽交所，成为 2020 年登陆纽交所的第一只中概股。

从成立到上市，蛋壳只用了 5 年时间，它是一个"蛋壳"，却跑出了火箭的速度。蛋壳前董事长说："作为一家创业公司，当你做的事变成风口时，必须要拼命高速发展，甚至短期内牺牲投资人的利益。我们宁愿多亏钱，依然要追求发展速度。"在这种闪电式扩张思想的主导下，蛋壳在获得房源上采取了十分激进的方式。到 2020 年 3 月，蛋壳运营公寓数量达到 41.9 万间，挺进全国 13 座城市，年增长率达到 360%。

高额奖金和"高进低出"成为蛋壳快速获得房源的两大法宝。据前蛋壳收房员工表示：每月 15 单以上就有 5000 底薪加 40%～50% 的房租提成，旺季一个月可以赚到 4 万元，很多来得早的员工都发了。"

在 IPO 时，蛋壳宣称：将无序的房源打包，当最终市场上的自由房源减少到一定程度后，就可以抬高房租，获得高额租金差，从而形成利润。显然，任何一个正常人都听得出来，在租房市场获得垄断地位，是一种多么无厘头的妄想。IPO 之后，蛋壳模式的信仰体系在投资人心中崩塌，股价破发，之后遭遇突如其来的新冠疫情，其业务更是一路滑向深渊。

闪电式扩张策略的基础是网络效应的存在，在竞争中谁先达到临界规模，谁就能获得碾压式的领先优势。**企业进行闪电式扩张的前提是：企业有足够的市场空间；企业有很强的触达市场用户的手段；企业有高毛利业务，可以**

提供持续的资金支持;产品具有网络效应。笔者把这四点称为四个关键增长因素。在这四个前提中,蛋壳的商业模式具备了三个,只是不具备最重要的产品网络效应。

租房是个高交易额的市场,却是一个极低交易频率的市场,无论是房东还是租客都几乎没有任何网络效应,每次交易都无法分摊研发和运营费用,这完全是一个大量依赖交易员一对一谈判才能运营下去的行业,网络效应在这个商业模式中几乎不存在。

资本对这种有硬伤的互联网创业模式的认可,也是蛋壳得以蒙眼狂奔的自信来源。蛋壳的房源两年半时间从 8000 间做到 40 多万间,实际上是用投资人的钱疯狂抬价抢夺房源,投资人认为当大量的投资吸引了足够多的用户之后,网络效应就开始出来了。

但在"二房东"模式中,这种网络效应其实是不会出现的,其他投资人不再相信这个经不起推敲的商业模式后,输血的渠道中断了。用租金贷搭桥则成为蛋壳的唯一选择,租客的租金直接还给银行,银行则将一年期贷款付给公司,用以继续扩张。

租金贷的危险在于,一旦运营方扩张减少,资金回流变慢,周转出现卡顿,资金链就会随时面临断掉的危险。所谓的用互联网模式改造传统租赁市场,并没有带来新的商业模式奇迹。同样的商业模式,因为有传统中介服务作为依托,自如等长租公寓目前依然在正常运营。

互联网商业模式可以成为任何行业的工具,但本身作为一种商业模式是有边界的,这个边界的分界线是其业务是否能随着用户规模的增长,产生成本上的规模效应。一项完全藐视商业逻辑乃至商业底线的业务,注定难以长久。

2 第二节 互联网：从高科技到基础设施

腾讯的投资步步精准，成功投资了零售、生活服务领域的众多互联网企业，其中不少成长为行业独角兽，甚至成为具备一定垄断性的平台。腾讯分别是美团、拼多多、贝壳、滴滴、快手等众多互联网平台的第一大或第二大股东。

从互联网企业渐次退出的同时，腾讯的投资触角进入新能源、硬科技等产业，天眼查数据显示，2021 年腾讯重点投资领域向云服务、人工智能、集成电路、医疗健康、自动驾驶等赛道转移，已经根本看不到互联网企业的踪影。

腾讯投资的一出一进，表明互联网企业天然是科技企业的前提已经发生变化。很多打着互联网旗号的创业企业，本质上已经不具备科技公司的基本特征，大量互联网企业的发展已经越过高点，今后将成为普通企业，而不再是高增长的科技企业。

腾讯这些年一直在坚持它所营造的一个生态体系，京东、美团都是腾讯得意的投资。以互联网为工具和手段，京东对中国零售业的商业模式进行了全面的改造，对效率进行了全面的提升。同样，美团通过互联网也对生活服务领域的运营效率产生了巨大提升，无论是市场占有率还是服务水平在行业中都属于龙头老大。但在经营效益上却较为惨淡，亏损额不断扩大，甚至还背负了盘剥商户的恶名。**究其原因，并不是美团在技术或者管理方面的问题，而是互联网对其商业模式的支持程度临近边界。**

以美团最主要的外卖业务为例，当 App 完成了顾客、餐馆和快递小哥的三方沟通后，这次服务还有多项工作待完成，包括且不限于菜品制作、打包、取货、配送、拆验、进食。这个过程要比普通商品完成同样的配送复杂得多，时间约束严格得多，可能产生的服务质量问题出现得更多。

这些涉及服务业基本水平的问题，互联网技术并不能发挥进一步的作用。随着劳动力短缺，快递小哥的成本会越来越高，普通餐厅的经营成本也越来越高，每一单送餐的成本更是越来越高。在未来的高人力成本社会中，一份价格便宜的快餐由一个人专程送一趟，这样的商业模式过于低效也就显得奢侈，因此外卖点餐的场景将逐渐萎缩而不是扩大，美团发展的瓶颈十分明显。

在互联网进入中国服务业之前，从零售到餐饮到生活服务等各个方面，工业化程度是非常低的，远远落后于制造业、金融业的发展。近十几年，互联网对服务业的全面覆盖极大地提高了服务业的运营效率。

但一个非常明显的变化正在发生，互联网从高科技日趋成为一种基础设施和日常工具，这和 20 世纪前 20 年电力在欧美发达国家普及，完全改变人们的生活品质和生产方式很相似。从事电力传输的公司是当时风头最劲的科技公司，如西屋电气、通用电气等一批大公司，研发、生产发电机、变压器等关键设备，掌握电力技术就等于掌握了世界发展最关键的武器。

在 21 世纪的前 20 年，中国的互联网企业成为技术含量最高、对人们生活和工作改变最大的企业。最近十年，"互联网大厂"成为中国最具活力、最具创新能力、员工薪酬最高的一类企业。不论在哪个领域，只要沾上"互联网"这三个字就必然风光无限，成为投资者追捧的目标。

疫情开始的头两年可以看成是中国互联网企业发展的最高点，目前全行业明显已经进入下行区间，头部大厂也进入了裁员行列。

3 第三节　如何界定谁是高科技企业

如何衡量哪些企业算科技企业，哪些不算？一个指标是总人力成本占全部成本的比例，如果企业对土地、房屋、机器设备等固定资产的投入大于人力投入，那么就不是科技企业；另一个指标是研发人员在总员工中的比例，如果研发人员在员工总数中的占比少于50%，就很难称作科技企业了。

用这两个标准衡量，腾讯、阿里巴巴、百度等企业目前依然是标准的科技企业，京东、美团作为科技企业就较为勉强，而瑞幸咖啡、便利蜂等企业已经完全不具备科技企业的基本特征。

腾讯、阿里巴巴、百度等企业之所以依然保持着强烈的科技企业特征，在于它们依托互联网起家，不断努力向信息技术领域的上游延伸，不断强化其科技企业的特征，无论是人力成本还是研发人员数量占比都超过了60%。

当然，那些已经不再具备科技特征的互联网企业并不一定没有发展前途， 在投融资、估值、管理、发展速度和路径上不再按照科技企业成长的逻辑，回归传统行业发展的模式，机会还是存在的。互联网在工作、生活领域仍然会有大量空间，只是高速发展的阶段已经彻底结束，虽然互联网企业仍然主宰着各种交易和沟通的平台，但已经不再是投资的重要对象。

今后，带着互联网标签的企业的发展前景无疑将发生巨大的分化，大量互联网企业的大帽子将如同外国野鸡大学的博士帽一样不再值钱。

互联网已经完成了对中国社会从生产到生活到娱乐的全方位覆盖，这种覆盖已经很难找到死角。从新闻、信息的获得和传递到资金的转账和支付，互联网首先在 PC 端对办公室的白领进行了第一次覆盖和改造，紧接着由于智能手机和移动互联网的普及，所有的成年人都获得了网民的称呼，移动互联网对所有普通人进行了全面的改造和干预，连儿童也被智能手表和平板电脑卷入了互联网世界。

互联网渗透几乎每一个中国人日常的工作和生活中，渗透每一笔交易当中，无论是发展速度还是覆盖密度甚至超出了很多发达国家的水平，中国互联网的渗透率和覆盖率也远远超出了中国的工业化和城市化水平。

在服务业，几乎所有能想到的领域都被互联网占领，最近几年互联网从业者不得不把他们的创业边界向外延伸，从事咖啡零售的瑞幸咖啡、从事长租公寓的蛋壳以及从事生鲜零售的每日优鲜和叮咚买菜，是其中代表性最强的几家企业。**这些企业或遭遇重创，或已暴雷，或已命悬一线**，它们已经超越了互联网企业商业模式的边界，在这些行业互联网带来的效率增长已经不再明显。

互联网通过信息沟通显现出的高效，并不能无限制地体现在所有的商业领域中，在服务行业已经很难再通过互联网的使用，让这个行业发生根本性的变化。那些依然宣称带着互联网基因对传统行业进行降维打击的创业企业，当它们真正进入这些行业时会发现，凭借互联网优势并不能覆盖经营的所有环节，只能被迫进入自己既缺乏认知更缺乏经验的领域。

第四节　超前也是陷阱

作为互联网改造服务业最后一块难啃的大蛋糕，生鲜电商似乎迎来了"春天"。引来资本青睐的"前置仓"模式，成为一干生鲜电商能找到的最好商业模式，但似乎很难实现盈利。持续不断的融资，看上去更像是"续命"，而非生长。

数据显示，2022 年，我国生鲜零售市场约 6.1 万亿元的规模，这块蛋糕太大了。叮咚买菜于 2017 年 5 月上线，主打前置仓生鲜电商模式。"前置仓 + 到家服务"是叮咚买菜吸引资本的重要因素，但它并不是这一模式的发明者，早在 2015 年，每日优鲜就已经在北京开设了第一个前置仓。所谓"前置仓模式"，通常是在社区 5 千米以内建立仓库，根据数据分析和供应链资源，选择适合的商品，由总仓配送至前置仓，进行小仓囤货；同时组建物流团队，在消费者下单后，将商品从前置仓配送到消费者手中。

在这之前，生鲜电商的损耗、时效、配送成本等问题一直是行业痛点，而前置仓则似乎缓解了这些问题。从"中心仓囤货 + 长半径运输"到"分布式囤货 + 短半径运输"，一度被视为生鲜电商的又一个突破口，也因此吸引了大量资本。

前置仓终归相当于一个小型门店，只不过将消费者购买场景变成了配送到家。从固定成本构成上来说，和传统门店是差不多的：仓储、房租、水电、耗材；不同的是人力成本：传统门店主要是收银员，叮咚买菜是配送员。前置仓对客流量没有要求，仓库、废旧闲置房屋等都可以作为选择，这样可以大幅降低房租，这是前置仓商业模式的基本定位。

前置仓生意盈利的突破点究竟在哪里？商业模式是否成立呢？看起来叮咚买菜是一个依托于互联网的服务平台，但本质上，它做的仍然是传统零售生意。

总仓 + 前置仓的模式，相当于沃尔玛 + 7 – 11 + 送货上门，前者通常位于城郊，负责大宗货品的采购和储存；后者靠近生活社区，满足消费者即时购买的需求。唯一改变的是消费场景，由快递小哥而不是消费者完成最后一公里的物流。

既然如此，把叮咚买菜看作一个连锁店品牌或许更接近本质。连锁品牌要做大，一是扩大整体规模，以降低供应链成本；二是提高客单价，增加单店营业额。要扩大规模，首先涉及"开店"选址。总仓相对简单，通常选择偏僻的市郊，大面积低成本的仓储；而前置仓则像7－11一样，在城市密集开店，需要靠近生活社区，形成半径五公里甚至三公里的覆盖网。

相比于传统门店，前置仓的选址要相对简单。只要距离合适，不需要一楼商铺，也不需要显眼的路口，甚至可以租一间民房或者住宅做仓库，然后再配置几个冷柜，就可以解决冷链存储的问题。

但虽然选址成本低，可是引流成本很高。叮咚买菜最初的引流方式基本是地推，挨家挨户上门推销，获客成本较低。随着扩张需要，必然要大量投放广告，营销费用可想而知。

叮咚买菜的核心客群以25～45岁、中等收入的城市白领和三口之家为基础，这群人时间稀缺，更加看重便利性；相比习惯去菜市场的老一辈，他们对几毛钱的价差没有那么敏感，也不会挑菜，更在乎商品品质的稳定，一旦形成购买习惯很容易复购。**这其中也有一个悖论，白领群体买菜做饭的频次并不会太高，而需求最大的消费者群体通常又很难成为送菜上门的客户。**

对消费者购物即时性的满足，只要1小时甚至30分钟，且不收配送费，也不设最低起送费，哪怕是买一棵葱也能免费送到。生鲜必须快速响应，快速送达，如果平均客单价较低，那么送货的成本很难平掉。

未来，真正决定前置仓模式成败最核心的要素就是配送员的工资水平。随着劳动力越来越缺乏，一个进城务工的青年，去美团送外卖还是去叮咚买菜配送蔬菜，取决于谁能支付更高的工资。

实质上，前置仓模式仍是一个重资产、重运营的劳动密集型行业，更偏向于传统行业，其核心不是技术，而是选址、人才等运营管理。互联网＋的意义之一是成本的大量节省，而前置仓模式究竟是不是降低了成本，在很大程度上仍是一个疑问。

5　第五节　生鲜电商的商业模式如何突破

作为"前置仓"这种生鲜零售商业模式的开创者，每日优鲜资金链断裂的消息令人唏嘘，但对很多观察者来说，这个消息并不意外。其股价就像自由落体一样下坠，只能说投资者已经完全不相信其商业模式。生鲜零售被称为电商的最后一块战场，自然是一块最难啃的骨头。生鲜生意不好做，有着十分复杂的原因。

第一，中国农业的生产方式决定了难以成长出规模化的农业生产企业，尤其是在生鲜中最重要的蔬菜品类。中国分散的土地经营模式决定了蔬菜生产者以专业农户为主，量小分散，只能通过菜贩收购的方式完成商品的供应，粗放的农贸批发市场依然是城市蔬菜供应的主渠道，这决定了至少在现阶段，蔬菜零售企业无法获得稳定、标准化、规模化的供应商。一方面这将导致生鲜零售的采购流程十分复杂，另一方面也难以控制采购中的贪腐行为。如果生鲜零售试图自己建立供应体系，将产业延伸到种植业，则更是不可能完成的任务。

第二，中国人的饮食结构极为复杂，即使生活在同一城市的主流消费人群，饮食习惯也千差万别。为了适应这种复杂需求，生鲜零售企业必须建立起复杂多样的商品供应体系，同时消费者对蔬菜等生鲜的新鲜程度要求相对苛刻，这将导致生鲜零售企业要么无法及时供货，要么形成积压并最终成为损耗。在个体经营的菜市场，经验丰富的个体经营者通过多年的经验积累，加之对自己饭碗极为负责的态度，才能控制成本。在公司体制内依靠短期合同仓促上阵的店长和员工，根本无法实现成本控制，怠惰和贪腐必定成为经营中的常见现象。

第三，前置仓的固定资产投资过大。中国电商行业虽然有很多本土化的特点，但基本商业模式是国外企业已经验证过的，而前置仓则完全是一个脑洞大开的本土创举。其合理之处在于将供应链延伸到距离消费者最近的地方，让消费者可以用最短的时间满足自己随时出现的需求。虽然和门面房相比前置仓并不需要地段优越的临街经营场地，但距离目标客户尽量接近的需求，决定了前置仓依然需要在繁华的居民区寻找场地，租金依然不低。为了满足对客户的速度承诺，必须在一定范围内密集布置前置仓，零售公司通过自有资金大量租房并购置冷柜等设施，是一笔巨额的前期投入，这笔钱只能从投资人那里获取，如果不能及时形成盈利，很容易导致资金链断裂。

第四，配送费用太高。中国电商行业的急速发展，培育了包括顺丰等数家巨型快递企业，它们都建立了庞大又高效的快递网络，从城市到乡村、每一个社区乃至楼宇，都有熟悉环境的快递小哥派驻。虽然每一张快递网的形成，会让单件商品的物流费用不断降低，但前置仓模式无法依赖这些现成的物流网络，只能自建快递队伍，每一单都需要单独配送，这让单件商品的配送成本无法降低。随着劳动力短缺情况的日益加剧，配送费用只能越来越高，这些费用只能分摊到每一单商品中，导致价格居高不下，即便有补贴推出，额外的配送费也会让消费者不愿意承担。

以上四点，决定了前置仓生鲜零售业务的商业模式很难持续。在融资阶段，前置仓模式依然在讲述一个互联网行业的创业故事，但每日优鲜和叮咚买菜的难以为继和巨额亏损，**至少在目前把一个残酷的现实摆在了人们面前——互联网电商的商业模式是有边界的**。

创业伊始，每日优鲜曾描绘过一个（A＋B）×N 的宏伟前景，A 指前置仓即时零售，B 是智慧菜场，N 则是零售云。依赖这三板斧，公司的目标是建成中国最大的社区零售数字化平台。这一公式成立的前提是能够让互联网技术在商业模式的总成本里占到更大的比例。

前置仓模式的重资产特征，让它更接近于一家实体线下公司，这就意味着公司经营能力根本不体现在技术上，而是体现在供应链的组织和门店的管理能力上。数千个生手迅速被委派到数千个前置仓，其结果必然是灾难性的。

互联网电商的基本逻辑是建立平台，作为商家和消费者的信息沟通平台。虽然亚马逊和京东突破了平台模式，通过自建仓储，建立了自营模式。但亚马逊和京东选择的都是以标准工业品为主要经营品类，在租金不高的城郊建立起仓储体系，由于其总体运营成本低于线下实体店，因此销售商品具有价格优势，这样就几乎覆盖了所有消费者，也因为如此，互联网开发成本被极大地摊薄了，在亏损多年之后成为主流的零售商业模式。

前置仓模式最大的问题在于就同等品质范围而言，无法做到价格低于线下商超，更别提农贸市场了，这就决定了其服务的人群极小。在每日优鲜和叮咚买菜的商业模式里，成为一名合格的消费者必须同时具备以下几个条件：①家庭收入较高，对价格极为不敏感，但还雇不起保姆；②购买的决策人（通常是主妇）有比较前卫的消费理念，对时间高度珍惜；③家庭成员对自己开火做饭的兴趣很高，不愿意点外卖；④对逛市场不感兴趣。

中国消费者喜欢尝试新鲜事物的特征，让前置仓生意在早期显示出蓬勃发展的一面，所有的热闹都是消费者薅羊毛的狂欢。当投资人的钱被当作补贴大量被薅之后，他们发现这种商业模式并不能将价格降低到传统生鲜零售模式之下。

电商最后的边界在哪里？其实那条边界非常明显，就是能否通过信息的流通，使商品低于或者至少不高于传统渠道的价格。

前置仓模式要做到这点需要两个条件。

第一，必须把尽量多的消费者作为目标客户，一旦在区域内只有少数家庭成为客户，则很多前置仓的能力就会被浪费。例如，一个前置仓可以满足1000个家庭的生鲜购买需求，如果周围小区正好1000户，这1000户都是此前置仓的客户，那么这个前置仓就可以高效地运转；如果这个小区只有10%的家庭成为客户，那么送货范围就要增加9倍，可一旦范围变得这么大，为了保证配送时间就必须多开设前置仓。只有拥有成熟且体量巨大的生鲜产品供应商，通过集采优势才能控制进货价格，可至少在10年之内这是不可能的，中国农产品供应模式是由土地经营方式决定的，不是由市场需求所决定的。

第二，必须建立起一支高效、廉洁的店长队伍。在所有的连锁商业发展模式中，不论是直营还是加盟，店长培训都是一个决定企业成败的关键因素。没有麦当劳大学的存在就没有麦当劳后来的发展，没有7-11用两年时间来培训一个店长的耐心和投入，也没有现在的7-11。前置仓本质是一个传统生意，在运行过程中却想绕过传统生意所必须经历的复杂而无趣的成长过程，希望像真正的互联网公司一样，通过资本和技术实现快速发展，那只能是头重脚轻，站立不稳。

或许，前置仓模式是一个生不逢时的早产儿，至少在目前，前置仓模式已经超越电商的边界，这让前置仓模式看起来像一只披着狼皮的羊——它的战斗力和它宣称的表象完全无法匹配。

6 第六节　做"小生意人"是创业的硬储备

第一辆，车锁打不开；第二辆，链条掉了；第三辆，缺一个脚蹬子……在专门找"小黄车"连续三次失败之后，我毅然决然地卸载了 ofo 的 App。没过多久，成千上万的"小黄车"被送到了"坟场"。

"小黄车"的失败，最深层的原因是什么呢？有人说因为股权机制，有人说因为管理跟不上，有人说因为创始人太骄傲。

"小黄车"在开始的时候就为了规模放弃了产品质量，向市场投放劣质自行车。快速抢占市场的同时，却因糟糕的使用体验让客户用脚投票，这是导致"小黄车"在遭遇困难后溃不成军的原因之一。**在"小黄车"走出校园投放第一辆车时，就犯了一个致命错误——用低劣的产品质量换取更快的市场扩张速度。**

2016 年 10 月，我在 CBD 的大街上突然发现很多新潮自行车，甚为怪异，一打听才知道这叫共享单车。下载 App 感受之后，我在微博上感叹一番："这是近十年中国本土最伟大的互联网 + 应用。"投资人们显然和我有同样的看法。那之后的一段时间，每天都能见到颜色簇新的共享单车出现在城市的街头。

笔者在一次论坛上碰到摩拜单车的 CEO 王晓峰，问他为什么把车做得这么重，骑起来很费劲。他回答说，要想把车做结实也只有这种办法。但我在第一次骑"小黄车"的时候，就感到了它的轻巧。作为半个自行车的行家，笔者一眼就看出这车是成本很低的便宜货，用不了几天就会到处出毛病，用料节省、自重轻，新的时候当然骑起来轻快。

打开 ofo App，现在显示的仍然是"骑时可以更轻松"这句话。可见用车身更轻的劣质产品来抢占市场，是公司的战略决策，这个决策一开始就错了。公共用品最大的特点就是容易损坏，摩拜单车投入大量资金进行研发，生产出共享单车专用车，而为了快，"小黄车"连最起码的产品质量也不考虑，显然没有认真计算过高损坏率带来的维修运营成本的提升，更是没把用户的骑行体验和安全当回事。在公司运营层面，如果戴威在最初的扩张之后意识到，低价劣质的"小黄车"将给公司未来发展带来巨大的隐忧，在资金相对充裕的时候降低投放速度，提高"小黄车"的质量，增加更多的运维人手，就会筑牢运营的基础。

初出茅庐的小生意人通常在白手起家的时候，敏锐地看准市场的一个机会，用最快的速度、最低的成本满足市场的需求。用这种方法赚到第一桶金之后，他们会迅速调整策略，或者到其他领域再捞一把，或者立志成为一个真正的企业家，开始认真打造产品。在传统行业中这种"改邪归正"，最终走上"康庄大道"的企业数不胜数。

然而，随着企业成长环境和培育模式的改变，现在的创业者已经没有时间和机会进行这样的修正。企业在开始时走的一步臭棋，之后就很难再有反转的机会。"小黄车"的创始人戴威是北京大学高才生、北大学生社团领袖，聪明、努力、有领导力、能吃苦、有丰富的商业知识。但在这些熠熠生辉的履历中，唯独缺少一个对成长为企业家最有用的经历——小生意人。

凡是从零基础做小本生意，都会在最初的时候碰得头破血流，发现自己最初的商业计划简直就是白日做梦的废纸。如果能坚持下去，逐步就会有几项最基本的常识融化在血液中，落实在行动上。

即使到了互联网时代，从马云到马化腾这些创业者们都有小生意人的经历。这是成为企业家的硬储备，保证让他们在企业成长的最初阶段，不犯颠覆性的、不可挽回的错误。**这些常识虽然有时会影响创业者的格局，成为他们进一步发展的障碍，但这是成长为一名成功企业家的基本功，足以让他们活下来。**

这些理念和技能包括：第一，认真做产品，无论是制造还是服务，以能够承受的最高成本打造产品，明白你要的每一次滑头都会被客户捉住，并且广为传播。第二，永远节衣缩食，永远精打细算，能省就省、能抠就抠，永远留够发几个月工资的现金，绝不相信应收款、绝不从银行贷款、绝不相信投资人的承诺。第三，绝不相信自己配偶以外的任何人，财权、人权、决策权牢牢把控在自己手里，事必躬亲。

戴威还没有从十几个人、七八条枪的小微企业主阶段毕业，就已经开始执掌市值百亿的公司。如果能给戴威更多的时间，哪怕再经历一两年的小生意人的煎熬之后，结果可能就会改变。

当今创业，迅速获得投资已经成为创业者最重要的诉求，在这种背景下，对创业者成长的速度提出了全新的要求。如果没有前期相当于"学前班"的经历，直接拿到融资对创业者将是一个难以通过的考验。

在竞争对手摩拜的案例中，创始人胡玮炜虽然也是创业小白，但企业的真正掌控者是有着丰富从商经验的投资人李斌。虽然也遭遇了巨大困境，但开始几步的正确走法，让摩拜被买家接手，而ofo则完全丧失了活下去的可能。

创业经验永远不可能从课堂、读书、支教、冥想、打坐、跑步或者爬山中获得，只能从做一名"小生意人"的实践中获得。

真格基金创始人徐小平写过这样一段话：创业为什么难？难就难在你每一个决策都会像前一片多米诺骨牌一样，影响到下一步的发展。我想补充一点：从天使基金到一轮一轮风险投资的接力赛中，每一块多米诺骨牌都会以更快的速度倒向下一块，根本没有停下来的机会。

人们总是渲染雷·克洛克 52 岁才开始创业的传奇经历，却很少有人注意到，之前的 30 多年，他其实一直在为 52 岁夏日的那天做准备。虽然没干过餐饮，但此前无论是办乐队还是推销纸杯和搅拌机，他从来都没有离开过餐饮业，尤其是销售奶昔搅拌机，让他对餐厅厨房十分熟悉。这数十年的行业磨炼，决定了只有他才会在烈日炎炎中专程去麦当劳拜访，并且一眼就看出麦当劳和别人的不一样。

和雷·克洛克 30 多年推销员的职业生涯相比，肯德基的创始人山德士上校一直是个小业主兼厨师。56 岁的时候，他带着高压锅到处去卖自己的炸鸡配方，无意中创立了快餐业的特许加盟模式。两位大爷创业的共同之处是都有着长期的经商经历，了解做生意的基本规则和不容易。

不同的地方是雷·克洛克一直走南闯北，有更开阔的视野，对大公司的运营也有所了解。而山德士上校则一直在乡下做小生意，见识少得多。但炸鸡一直是自己亲自做，按现在的话术，就是一位亲手打造产品的产品经理。

所以麦当劳和肯德基就有了不同的发展路径。雷·克洛克加入麦当劳兄弟的公司，等到自己全面参与管理，成了快餐的行家里手之后，巧妙地拿下了麦当劳的股权，并一路把这家快餐店打造成美国的标志之一；而山德士上校则是自己亲手打造了产品、设想了商业模式，但由别人真正打造出来。

　　奇妙的是，几十年后，星巴克的霍华德几乎把雷·克洛克的经历完全走了一遍。雷·克洛克因为麦当劳买了他的 8 台奶昔搅拌机而特意从芝加哥开车跑到圣贝纳迪诺一探究竟，霍华德是因为星巴克总是订购自己就职公司的咖啡烘焙机而产生了好奇心，从纽约专程坐飞机过来。

　　两位不同年代的经理人不约而同迅速做出了决定——放下自己原来的职业，加入这家店，最后又都通过手段盘下了老东家的买卖。这几乎可以成为职场人士创业的模式——**去自己的客户那里发现新的商业模式，找到最有价值、最有前途的小公司，然后加入其中。如果不能像雷·克洛克和霍华德一样拿下，也可以用自己学到的方法重新创业。**

第七节　数字时代，创始人如何追得上 自己的企业

　　数字时代中国创业企业的生长方式与以往完全不同。

　　消费领域是创业企业对传统行业迭代的主战场，从零售到餐饮、从出行到娱乐，人们的生活方式被各种 App 全面重构。在每一个 App 的小宇宙里，冲在前面的是由 80 后、90 后组成的创业者，藏在后面的是由若干 70 后、60 后甚至 50 后组成的资本团队。

　　新的创业模式使传统的游击战演变为大规模集团作战，对指挥员的能力提出了全新的要求。**在这样的商业背景下，几乎所有的创业最终都是创始人和自己企业的赛跑，都是创始人和自己企业的搏斗，新一代的创业者已经无法像前辈们那样集腋成裘、聚沙成塔、自我积累式地创业。**

　　公司的成长必须被放入某个赛道，以应该有的速度成长，剩下的就是创

始人如何跑赢自己的企业。传统企业是通过自我积累和银行信贷获得发展资金,现在的创业企业都要通过风险投资获得发展资金。**创始人一方面需要构建团队、打造产品、设计商业模式、拓展市场、树立品牌,另一方面如何与资本共舞也成为必修课,这对创始人的综合素质的要求与过去不可同日而语。**

从种子基金到天使投资,从 VC 到 PE,不同阶段进入企业的资本,先天属性自带的阶段性目标与创始人长期发展的目标常常是相悖的。**资本的注入,往往让企业如同大量施用化肥后的庄稼一样迅速生长,使创始人通过实践不断修正方向的时间大大缩短,创始人的能力储备和急就章式的学习,都无法追上企业生长的速度,处理不好其中的矛盾,就会变成很多企业倒在路上的绊脚石。**

创业初期,很少有人看好瑞幸,在一个很少有人真正喜欢咖啡、更没多少人懂咖啡的国家,靠大额补贴来卖咖啡。大部分人看到的是这孩子基因就有问题,很可能活不过三岁,投资人看中的却是新生儿未来的成长空间。什么因素最终决定瑞幸到底能够长多大?多强?

创业公司最大的风险就是创始人的成长速度跟不上公司的成长速度,绝大部分创业公司的失败都是由于创始人没有跑赢自己的企业。在创业甫始,合伙人中就搭配了不同年龄、不同职业经历、不同专业背景的人,那么在一定程度上就化解了这个问题,不同的合伙人可以弥补操盘手成长速度上的不足,在每个阶段能够支持跑得气喘吁吁的主要创始人。

虽然瑞幸因为之后的造假丑闻命悬一线,但竟然在赶走董事长和总经理后活了下来,没有如人们预期的那样彻底垮掉,不得不说原来创业团队搭建起的七梁八柱还是稳固的,在强烈的震动中没有轰然倒塌。

在资本的推动下,现在的创业公司在发展过程中至少有三个决定公司状态的增长速度：第一是营业收入增长速度，第二是员工人数增长速度，第三是估值或市值的增长速度。

第一个增长速度考验的是创始人的商业经营能力，包括产品打造能力、市场开拓能力、成本核算能力。大部分小生意人经过几年磨炼都会具备这几个基本能力，但对从来没真正做过生意的人来说，里边有无数个坑在等你。

第二个增长速度考验的是创始人的内部管理能力，包括建立和执行企业制度和企业文化的能力，对关键岗位胜任能力考察的能力，与主要合伙人相处的能力，与员工沟通的能力等。

第三个增长速度考验的是创始人对融资的把控能力，包括对投资人能力品性的判断能力、协调投资人关系的能力、融资节奏与公司成长的关系问题等。

很多被资本投资的企业，膨胀过程中市值跑在最前面，之后是员工人数，后面是营收。三者都在高速增长，但这三者的距离越拉越大，往往是估值的增长速度远远快于营收的增长速度。

对创业企业来说，尤其是那些创始人年轻的企业，最理想的增长方式是三者同步稳定增长，风险最大的增长方式是三者同时高速增长。

数字时代，投资人之所以热烈地看好中国市场，是因为巨大的人口基数和消费增长潜力，他们寻找的是每一个垂直领域的独角兽，这是资本的逻辑。一家恰好进入风口的创业企业，很难按照自己的节奏或者创始人的价值观来经营自己的企业。

此时，创始人心态的成长要比知识和技能的增长更重要，这种自我成长只能靠创始人自己来完成。在和一些创业者接触的时候，我发现一个十分普遍的问题，就是在公司刚开始建立的时候，他们对融资方式和节奏有着特别一厢情愿的规划，这一规划的核心之处就是保证多轮融资之后，仍然能牢牢把控公司的实际控制权。

这是对贪婪的资本发自内心的防范心态，这种心态导致因为纠结于绝对控股权而丢掉了公司发展的最佳机会，甚至一步踏空导致公司最终的失败。其实除了股权，保证公司控制权的方法还有很多，即使在股权上丧失了控股地位也有继续领导公司的机会。

从马云到马化腾，从张瑞敏到董明珠，最优秀的企业家都不是靠绝对控股权来领导企业的。马云和马化腾们，在创业初期从股权占比上就不再绝对控股，但他们在上市公司通过同股不同权的股权架构，实现了对公司的控制。也有众多企业家靠多年实打实的业绩和威望，保持了对公司的实际控制权，如果当初一定要把绝对控股权作为融资的先决条件，可能会丧失把企业做大的机会。

对一家创业企业来说，所有的失败都可以归结为创始人的失败。企业飞快地长大，远远超出创始人自己成长的速度，说不定会异化为创始人的敌人，或者成长为一只可以吞噬自己的怪兽。